中國外交

2014 版

China's Foreign Affairs

Les affaires étrangères de la Chine

指导委员会

主任委员：王　毅

副主任委员：张业遂

委　　员：李保东　王　超　程国平

谢杭生　刘振民　张　明

郑泽光　刘建超　钱洪山

Steering Committee

Director: Wang Yi

Associate Director: Zhang Yesui

Members: Li Baodong　Wang Chao　Cheng Guoping

Xie Hangsheng　Liu Zhenmin　Zhang Ming

Zheng Zeguang　Liu Jianchao　Qian Hongshan

Comité de direction

Directeur: Wang Yi

Directeur adjoint: Zhang Yesui

Membres: Li Baodong　Wang Chao　Cheng Guoping

Xie Hangsheng　Liu Zhenmin　Zhang Ming

Zheng Zeguang　Liu Jianchao　Qian Hongshan

序

二零一三年是以习近平同志为总书记的党中央外交开局之年。一年来，中国外交顺应国际形势新变化和国内改革发展新要求，在保持大政方针稳定性、连续性的基础上，勇于主动进取，积极开拓创新。我们大声唱响『中国梦』的世界意义，进一步丰富和平发展的战略思想，树立正确义利观。我们努力推动同主要大国关系进入新阶段，开创周边睦邻友好新局面。我们全面增进同广大发展中国家的传统友谊，在国际和地区热点问题上发挥更大作用。我们坚定维护国家主权与领土完整，切实践行外交为民理念。总之，在党中央、国务院的正确和有力领导下，二零一三年的中国外交取得一系列重大进展和成果，向世界展现出一幅气势磅礴、耳目一新的中国特色大国外交新画卷。

一图胜千言。《中国外交2014版》画册通过一张张精心挑选的珍贵图片，全面展示了过去一年中国外交取得的辉煌成就，使大家能够身临其境地领略到中国新一届领导人务实、进取、大气、亲民的外交风采，感受到中国在国际舞台上坚持和平发展、倡导合作共赢、促进共同繁荣的一贯宗旨，体会到中国外交以人为本、为民服务的根本理念。

当前，中国的改革发展已经翻开新的历史篇章，世界格局仍在经历持续演进和调整，面对新的形势和任务，中国外交将保持正确方向，更加积极有为，在全力服务于实现民族复兴『中国梦』的过程中为人类的和平发展事业不断作出应有贡献。

最后，谨向长期以来关心和支持中国外交的广大读者致以诚挚的谢意和问候。

王毅

二零一四年三月

Foreword

2013 was the inaugural year for the diplomacy of the CPC Central Committee with Comrade Xi Jinping as the General Secretary. In this year, China's diplomacy adapted to the changes in the international trends, met the new demands of domestic reform and development, maintained stability and continuity of major policies and took bold steps to break new grounds. We strongly advocated the global relevance of the Chinese Dream, further enriched the content of the strategic thinking of peaceful development, and established a right approach to upholding principles and seeking interests. We vigorously promoted China's relations with major countries to new stages and made new progress in developing friendly relations with neighboring countries. We comprehensively enhanced traditional friendship with developing countries and played an even bigger role in the handling of international and regional hotspot issues. We resolutely safeguarded China's sovereignty and territorial integrity and faithfully implemented the idea of "conducting diplomacy for the people". Under the right and strong leadership of the CPC Central Committee and the State Council, China's diplomacy in 2013 made a series of important progress and achievements, writing a fresh chapter in the epic of seeking major country diplomacy with Chinese features.

A photo speaks louder than a thousand words. The photo album *China's Foreign Affairs 2014 Edition*, by selecting valuable historical photos, not only presents the remarkable achievements of China's diplomacy in the past year in a panoramic way, but also brings closer to its readers the pragmatic, progressive, broad-minded and people-oriented feature of the new Chinese leaders' diplomacy. Through these photos, readers may have a better understanding of China's binding commitment to peaceful development, win-win cooperation and common prosperity and the underlying philosophy guiding China's diplomacy, which is putting people first and serving the people.

China's reform and development drive has entered a new historical stage. At the same time, the international landscape is undergoing continuous evolution and adjustments. Facing new situations and tasks, China's diplomacy will keep to the right course, play a more proactive role, pull all its efforts to serve the realization of the Chinese Dream of the national rejuvenation and contribute China's due share to the peace and development of mankind.

In conclusion, I would like to extend my sincere thanks and greetings to all the readers who have long cared about and supported China's diplomacy.

Wang Yi
March 2014

Avant-propos

L'année 2013 est la première année de l'action diplomatique du Comité central (CC) du Parti communiste chinois (PCC) ayant comme Secrétaire général le Camarade Xi Jinping. Durant cette année, la diplomatie chinoise, tenant compte des nouvelles évolutions de la situation internationale et des nouveaux impératifs de réforme et de développement en Chine, a su faire preuve de courage et d'initiative, en assurant la stabilité et la continuité des grandes lignes politiques. Nous avons travaillé énergiquement pour faire connaître au monde le sens du rêve chinois, enrichi davantage la pensée stratégique du développement pacifique et adopté une juste conception de la justice et des intérêts. Nous avons œuvré pour faire accéder nos relations avec les principaux grands pays à une nouvelle étape et ouvrir de nouvelles perspectives à nos relations de bon voisinage et d'amitié avec les pays de la région. Nous avons approfondi sur tous les plans l'amitié traditionnelle avec les nombreux pays en développement et joué un rôle plus important dans le règlement des crises internationales et régionales. Nous avons défendu fermement la souveraineté nationale et l'intégrité territoriale de la Chine et appliqué effectivement le concept de la diplomatie au service du peuple. Bref, sous la conduite juste et énergique du CC du PCC et du Conseil des Affaires d'État, d'importants progrès et succès ont été réalisés dans l'action diplomatique en 2013, montrant au monde une nouvelle image de la diplomatie vigoureuse de grand pays aux couleurs chinoises.

Une image est plus éloquente que milles mots. L'album *Les affaires étrangères de la Chine 2014* offre, à travers des photos précieuses soigneusement sélectionnées, une présentation globale des succès remarquables de la diplomatie chinoise au cours de l'année écoulée. Il permet aux lecteurs de connaître le pragmatisme, la volonté d'entreprendre et la grandeur d'esprit de la nouvelle équipe dirigeante chinoise et sa proximité avec le peuple dans l'action diplomatique, de mesurer l'attachement de la Chine aux buts qu'elle poursuit toujours sur la scène internationale, à savoir le développement pacifique, la coopération et le gagnant-gagnant et la prospérité commune, et de mieux comprendre l'idée fondamentale de la diplomatie chinoise qui accorde la primauté à l'homme et qui se met au service du peuple.

À l'heure actuelle, un nouveau chapitre historique s'ouvre dans la réforme et le développement en Chine, et l'échiquier mondial connaît toujours des évolutions et réajustements. Face à la nouvelle situation et à de nouvelles missions, la diplomatie chinoise tiendra le bon cap, sera plus dynamique et entreprenante et se mettra pleinement au service de la réalisation du rêve chinois du grand renouveau de la nation, et par là apportera sans cesse sa part de contribution à la noble cause de la paix et du développement de l'humanité.

Je voudrais, pour terminer, adresser mes sincères remerciements et mes salutations cordiales à tous nos lecteurs pour leur intérêt et soutien constants à la diplomatie chinoise.

Wang Yi
Mars 2014

BOAO

RUM FOR
SIA

目录

第 一 部 分　密切交往　增进互信
Part 1　Closer Exchanges, Greater Mutual Trust　11—64
Partie 1　Échanges plus étroits, confiance mutuelle accrue

第 二 部 分　新理念　新倡议
Part 2　New Ideas, New Initiatives　65—90
Partie 2　Nouvelles idées, nouvelles initiatives

第 三 部 分　积极发挥负责任大国作用
Part 3　An Active Role of a Responsible Big Country　91—128
Partie 3　Rôle actif d'un grand pays responsable

第 四 部 分　互利共赢　共同发展
Part 4　Mutual Benefit for Common Development　129—148
Partie 4　Bénéfice mutuel pour un développement partagé

第 五 部 分　打造海外民生工程
Part 5　Protection and Services for Overseas Chinese　149—168
Partie 5　Protection et services pour les Chinois d'outre-mer

第 六 部 分　交流互鉴　传承友谊
Part 6　Carrying Forward Friendship Through Exchanges and Mutual Learning　169—210
Partie 6　Promouvoir l'amitié par les échanges et l'inspiration mutuelle

第一部分

密切交往 增进互信

二零一三年，世界经济缓慢复苏，变革潮流更加强劲，国际形势复杂演进。中国外交锐意进取，开拓创新，开辟了中国同世界各国友好合作的新局面。

这一年是中国新一届中央领导集体的外交开局之年。中国领导人踏上五洲土地，迎来四海宾朋，同各国领导人密切交流。中国积极推动同主要大国关系健康稳定发展，巩固、拓展与周边国家的睦邻友好和互利合作，全面增进同广大发展中国家的传统友谊，加强与有关国家的战略对话，增进了政治互信，深化了战略合作。

中国以实际行动向世界表明，中国始终高举和平、发展、合作、共赢的旗帜，坚定不移走和平发展道路，致力于同世界各国一道促进人类和平与发展的崇高事业。

Part 1

Closer Exchanges, Greater Mutual Trust

In the year 2013, amid slow recovery of global economy and stronger trend of reform, the international situation went through complex development. Against this back drop, China determined to strive for progress and innovation in its diplomacy, and unveiled a new chapter of friendly cooperation with countries around the world.

This was the inaugural year for diplomacy under the new central leadership of China. Making visits to and receiving guests from all over the world, the Chinese leaders had frequent and close exchanges with leaders of other countries. With vigorous efforts, China sought sound and steady development of relations with major countries, consolidated and expanded good neighborly relations and win-win cooperation with surrounding countries, and strengthened all-round traditional friendship with developing countries. China also strengthened strategic dialogues with relevant countries, which enhanced political mutual trust and deepened strategic cooperation.

China, with concrete actions, has proven to the world that it would always hold high the banner of peace, development and win-win cooperation, unswervingly follow the path of peaceful development and stay committed, along with other countries in the world, to the noble cause of advancing peace and development of mankind.

Partie 1

Échanges plus étroits, confiance mutuelle accrue

L'année 2013 a vu l'économie mondiale reprendre lentement, le courant du changement s'affirmer davantage et la situation internationale évoluer dans la complexité. La diplomatie chinoise a su faire preuve d'initiative, de progrès et d'innovation pour créer une nouvelle situation dans la coopération d'amitié entre la Chine et les autres pays du monde.

Cette année marque le début de l'action diplomatique de la nouvelle équipe dirigeante centrale de la Chine. Les dirigeants chinois, à travers leurs déplacements dans les cinq continents et l'accueil sur le sol chinois des amis venus des quatre coins du monde, ont engagé des échanges intenses avec les dirigeants des différents pays. La Chine a œuvré activement à un développement sain et régulier de ses relations avec les principaux grands pays, à la consolidation et à l'élargissement des relations de bon voisinage, d'amitié et de coopération mutuellement avantageuse avec les pays de la région, à l'approfondissement sur tous les plans de son amitié traditionnelle avec les nombreux pays en développement et au renforcement des dialogues stratégiques avec les pays concernés, ce qui a permis de promouvoir la confiance politique mutuelle et d'approfondir la coopération stratégique.

La Chine, par ses actions concrètes, a prouvé au monde qu'elle porte toujours haut levé l'étendard de la paix, du développement, de la coopération et du gagnant-gagnant, poursuit fermement la voie du développement pacifique et œuvre ensemble avec les autres pays du monde pour la noble cause de la paix et du développement de l'humanité.

3月22日至30日，应俄罗斯联邦总统弗拉基米尔·普京、坦桑尼亚联合共和国总统贾卡亚·姆里绍·基奎特、南非共和国总统雅各布·祖马、刚果共和国总统德尼·萨苏-恩格索邀请，国家主席习近平对四国进行国事访问。

3月22日，习近平主席（左）在俄罗斯莫斯科克里姆林宫出席俄罗斯总统普京举行的欢迎仪式。

From 22 to 30 March, President Xi Jinping paid state visits to Russia, Tanzania, South Africa, and the Republic of the Congo at the invitation of President Vladimir Putin of the Russian Federation, President Jakaya Mrisho Kikwete of the United Republic of Tanzania, President Jacob Zuma of the Republic of South Africa and President Denis Sassou-N'guesso of the Republic of the Congo.

On 22 March, President Xi Jinping (left) attended the welcoming ceremony held by Russian President Vladimir Putin at Kremlin in Moscow, Russia.

Du 22 au 30 mars, sur l'invitation du Président de la Fédération de Russie Vladimir Poutine, du Président de la République-unie de Tanzanie Jakaya Mrisho Kikwete, du Président de la République sud-africaine Jacob Zuma et du Président de la République du Congo Denis Sassou-N'guesso, le Président Xi Jinping a effectué une visite d'État dans ces quatre pays.

Le 22 mars, le Président Xi Jinping (à gauche) participe, au Palais du Kremlin à Moscou, en Russie, à la cérémonie d'accueil tenue par le Président Vladimir Poutine en son honneur.

3月24日，习近平主席（左）与坦桑尼亚总统基奎特步入坦桑尼亚总统府时受到坦桑尼亚民众夹道欢迎。

On 24 March, President Xi Jinping (left) was warmly welcomed by the Tanzanian people as he walked with Tanzanian President Jakaya Mrisho Kikwete toward the President Office.

Le 24 mars, le Président Xi Jinping (à gauche) est salué par la population à l'entrée du palais présidentiel de la Tanzanie à côté du Président Jakaya Mrisho Kikwete.

3月26日，习近平主席（左）在南非比勒陀利亚与南非总统祖马举行会谈。（上图）

3月29日，习近平主席（前左）在刚果（布）布拉柴维尔出席刚果（布）总统萨苏举行的欢迎仪式。（下图）

On 26 March, President Xi Jinping (left) held talks with President of South Africa Jacob Zuma in Pretoria, South Africa. (Upper picture)

On 29 March, President Xi Jinping (front left) attended the welcoming ceremony held by President Denis Sassou-N'guesso in Brazzaville, the Republic of the Congo. (Lower picture)

Le 26 mars, le Président Xi Jinping (à gauche) s'entretient avec son homologue sud-africain Jacob Zuma à Pretoria,en Afrique du Sud. (Photo en haut)

Le 29 mars, le Président Xi Jinping (1er plan, à gauche) participe, à Brazzaville, à la cérémonie d'accueil tenue par le Président de la République du Congo Denis Sassou-N'guesso en son honneur. (Photo en bas)

5月31日至6月8日，应特立尼达和多巴哥共和国总统安东尼·托马斯·阿基纳·卡莫纳、哥斯达黎加共和国总统劳拉·钦奇利亚·米兰达、墨西哥合众国总统恩里克·培尼亚·涅托、美利坚合众国总统巴拉克·奥巴马邀请，国家主席习近平对特立尼达和多巴哥、哥斯达黎加、墨西哥三国进行国事访问，并赴美国举行中美元首会晤。

6月7日，习近平主席（左）在美国加利福尼亚州安纳伯格庄园与美国总统奥巴马举行会晤。

From 31 May to 8 June, President Xi Jinping paid state visits to Trinidad and Tobago, Costa Rica and Mexico and held a summit meeting with President Barack Obama in the United States at the invitation of President Anthony Thomas Aquinas Carmona of the Republic of Trinidad and Tobago, President Laura Chinchilla Miranda of the Republic of Costa Rica, President Enrique Peña Nieto of the United Mexican States and President Barack Obama of the United States of America.

On 7 June, President Xi Jinping (left) met with American President Obama at Sunnylands in California, the United States.

Du 31 mai au 8 juin, sur l'invitation du Président de la République de Trinité-et-Tobago Anthony Thomas Aquinas Carmona, de la Présidente de la République du Costa Rica Laura Chinchilla Miranda, du Président des États-Unis du Mexique Enrique Peña Nieto et du Président des États-Unis d'Amérique Barack Obama, le Président Xi Jinping a effectué une visite d'État à Trinité-et-Tobago, au Costa Rica et au Mexique et s'est rendu aux États-Unis pour une rencontre avec le Chef d'État américain.

Le 7 juin, le Président Xi Jinping (à gauche) rencontre son homologue américain Barack Obama à Annenberg Retreat, en Californie, aux États-Unis.

6月1日，习近平主席（左二）和夫人彭丽媛（左一）在特立尼达和多巴哥西班牙港同特立尼达和多巴哥总统卡莫纳夫妇合影。

On 1 June, President Xi Jinping (second from left) and his wife Madame Peng Liyuan (first from left) took a photo with President Anthony Thomas Aquinas Carmona of Trinidad and Tobago and Mrs. Carmona in Port of Spain, Trinidad and Tobago.

Le 1er juin, le Président Xi Jinping (2e à gauche) et son épouse Peng Liyuan (1ère à gauche) posent pour une photo de famille avec le Président trinidadien Anthony Thomas Aquinas Carmona et son épouse à Port d'Espagne,à Trinité-et-Tobago.

6月3日，习近平主席（左）在哥斯达黎加圣何塞与哥斯达黎加总统钦奇利亚举行会谈。

On 3 June, President Xi Jinping (left) held talks with Costa Rican President Laura Chinchilla Miranda in San Jose, Costa Rica.

Le 3 juin, le Président Xi Jinping (à gauche) s'entretient avec son homologue costa-ricienne Laura Chinchilla Miranda à San José, au Costa Rica.

6月4日，习近平主席（左）在墨西哥墨西哥城与墨西哥总统培尼亚举行会谈并共同签署《中华人民共和国和墨西哥合众国联合声明》。

On 4 June, President Xi Jinping (left) held talks with Mexican President Enrique Peña Nieto and signed the *Joint Statement Between the People's Republic of China and the United Mexican States* in Mexico City, Mexico.

Le 4 juin, le Président Xi Jinping (à gauche) et son homologue mexicain Enrique Peña Nieto s'entretiennent et signent ensemble la *Déclaration conjointe entre la République populaire de Chine et les États-Unis du Mexique* à Mexico, au Mexique.

9月3日至11日，应土库曼斯坦总统库尔班古力·别尔德穆哈梅多夫、哈萨克斯坦共和国总统努尔苏丹·纳扎尔巴耶夫、乌兹别克斯坦共和国总统伊斯拉姆·卡里莫夫、吉尔吉斯共和国总统阿尔马兹别克·阿塔姆巴耶夫邀请，国家主席习近平对四国进行国事访问。

9月3日，习近平主席（左）在土库曼斯坦阿什哈巴德与土库曼斯坦总统别尔德穆哈梅多夫举行会谈并共同签署《中华人民共和国和土库曼斯坦关于建立战略伙伴关系的联合宣言》。（左图）

9月7日，习近平主席（左）在哈萨克斯坦阿斯塔纳与哈萨克斯坦总统纳扎尔巴耶夫举行会谈。（右图）

From 3 to 11 September, President Xi Jinping paid state visits to Turkmenistan, Kazakhstan, Uzbekistan and Kyrgyzstan at the invitation of President Gurbanguly Berdimuhamedov of Turkmenistan, President Nursultan Nazarbayev of the Republic of Kazakhstan, President Islam Karimov of the Republic of Uzbekistan, and President Almazbek Atambayev of Kyrgyz Republic.

On 3 September, President Xi Jinping (left) held talks with Turkmen President Gurbanguly Berdimuhamedov and signed the *Joint Declaration on Establishing Strategic Partnership Between the People's Republic of China and Turkmenistan* in Ashgabat,Turkmenistan. (Left picture)

On 7 September, President Xi Jinping (left) held talks with Kazakh President Nursultan Nazarbayev in Astana,Kazakhstan. (Right picture)

Du 3 au 11 septembre, sur l'invitation du Président du Turkménistan Gourbanguly Berdymouhamedov, du Président de la République du Kazakhstan Noursoultan Nazarbaev, du Président de la République d'Ouzbékistan Islam Karimov, du Président de la République kirghize Almazbek Atambaev, le Président Xi Jinping a effectué une visite d'État dans ces quatre pays.

Le 3 septembre, à Achgabat, au Turkménistan, le Président Xi Jinping (à gauche) et son homologue turkmène Gourbanguly Berdymouhamedov s'entretiennent et signent ensemble la *Déclaration conjointe sur l'établissement d'un partenariat stratégique entre la République populaire de Chine et le Turkménistan*. (Photo à gauche)

Le 7 septembre, le Président Xi Jinping (à gauche) et son homologue kazakh Noursoultan Nazarbaev s'entretiennent à Astana, au Kazakhstan. (Photo à droite)

9月9日，习近平主席（左）在乌兹别克斯坦塔什干与乌兹别克斯坦总统卡里莫夫举行会谈。

On 9 September, President Xi Jinping (left) held talks with Uzbek President Islam Karimov in Tashkent, Uzbekistan.

Le 9 septembre, le Président Xi Jinping (à gauche) s'entretient avec son homologue ouzbek Islam Karimov à Tachkent, en Ouzbékistan.

9月11日，习近平主席（左）在吉尔吉斯斯坦比什凯克与吉尔吉斯斯坦总统阿塔姆巴耶夫举行会谈。

On 11 September, President Xi Jinping (left) held talks with Kyrgyz President Almazbek Atambayev in Bishkek, Kyrgyzstan.

Le 11 septembre, le Président Xi Jinping (à gauche) s'entretient avec son homologue kirghize Almazbek Atambaev à Bichkek, au Kirghizistan.

10月2日至5日，应印度尼西亚共和国总统苏希洛·班邦·尤多约诺、马来西亚最高元首端古·阿卜杜尔·哈利姆邀请，国家主席习近平对两国进行国事访问。

10月2日，习近平主席（左）在印度尼西亚雅加达与印度尼西亚总统苏希洛共同会见记者。（上图）

10月4日，习近平主席（左二）和夫人彭丽媛（右一）在马来西亚国家皇宫同马来西亚最高元首哈利姆夫妇合影。（下图）

From 2 to 5 October, President Xi Jinping paid state visits to Indonesia and Malaysia at the invitation of President Susilo Bambang Yudhoyono of the Republic of Indonesia and Supreme Head of State Tuanku Abdul Halim of Malaysia.

On 2 October, President Xi Jinping (left) attended a joint press conference with Indonesian President Susilo Bambang Yudhoyono in Jakarta, Indonesia. (Upper picture)

On 4 October, President Xi Jinping (second from left) and his wife Madame Peng Liyuan (first from right) took a photo with Malaysian Supreme Head of State Tuanku Abdul Halim and his wife in the Istana Negara. (Lower picture)

Du 2 au 5 octobre, sur l'invitation du Président de la République d'Indonésie Susilo Bambang Yudhoyono et du Chef d'État suprême de la Malaisie Tuanku Alhaj Abdul Halim Mu'adzam Shah, le Président Xi Jinping a effectué une visite d'État dans ces deux pays.

Le 2 octobre, le Président Xi Jinping (à gauche) et le Président indonésien Susilo Bambang Yudhoyono rencontrent ensemble la presse à Jakarta, en Indonésie. (Photo en haut)

Le 4 octobre, le Président Xi Jinping (2e à gauche) et son épouse Peng Liyuan (1ère à droite) posent pour une photo de famille avec le Chef d'État Tuanku Alhaj Abdul Halim Mu'adzam Shah et Madame au Palais national royal Istana Negara, en Malaisie. (Photo en bas)

5月19日至27日，应印度共和国总理曼莫汉·辛格、巴基斯坦伊斯兰共和国政府、瑞士联邦主席于利·毛雷尔、德意志联邦共和国总理安格拉·默克尔邀请，国务院总理李克强对四国进行正式访问。

5月20日，李克强总理（左）在印度新德里与印度总理辛格举行会谈。

From 19 to 27 May, Premier Li Keqiang paid official visits to India, Pakistan, Switzerland and Germany at the invitation of Prime Minister Manmohan Singh of the Republic of India, the government of the Islamic Republic of Pakistan, President Ueli Maurer of the Swiss Confederation and Chancellor Angela Merkel of the Federal Republic of Germany.

On 20 May, Premier Li Keqiang (left) held talks with Indian Prime Minister Manmohan Singh in New Delhi, India.

Du 19 au 27 mai, sur l'invitation du Premier Ministre de la République de l'Inde Manmohan Singh, du gouvernement de la République islamique du Pakistan, du Président de la Confédération suisse Ueli Maurer et de la Chancelière de la République fédérale d'Allemagne Angela Merkel, le Premier Ministre du Conseil des Affaires d'État Li Keqiang a effectué une visite officielle dans ces quatre pays.

Le 20 mai, le Premier Ministre Li Keqiang (à gauche) s'entretient avec son homologue indien Manmohan Singh à New Delhi, en Inde.

5月22日，李克强总理（左）在巴基斯坦伊斯兰堡与巴基斯坦总统阿西夫·阿里·扎尔达里共同出席签字仪式。

On 22 May, Premier Li Keqiang (left) attended a signing ceremony with Pakistani President Asif Ali Zardari in Islamabad, Pakistan.

Le 22 mai, le Premier Ministre Li Keqiang (à gauche) assiste, au côté du Président pakistanais Asif Ali Zardari, à la cérémonie de signature à Islamabad, au Pakistan.

5月24日，李克强总理（左）在瑞士伯尔尼与瑞士联邦主席毛雷尔举行会谈。

On 24 May, Premier Li Keqiang (left) held talks with Swiss President Ueli Maurer in Berne, Switzerland.

Le 24 mai, le Premier Ministre Li Keqiang (à gauche) s'entretient à Berne, en Suisse, avec le Président de la Confédération suisse Ueli Maurer.

5月26日，李克强总理（右）在德国柏林出席德国总理默克尔举行的欢迎仪式。

On 26 May, Premier Li Keqiang (right) attended the welcoming ceremony held by German Chancellor Angela Merkel in Berlin, Germany.

Le 26 mai, le Premier Ministre Li Keqiang (à droite) assiste, à Berlin, en Allemagne, à la cérémonie d'accueil tenue par la Chancelière allemande Angela Merkel en son honneur.

10月9日至15日，应文莱达鲁萨兰国苏丹哈吉·哈桑纳尔·博尔基亚、泰王国总理英拉·钦那瓦、越南社会主义共和国总理阮晋勇邀请，国务院总理李克强对三国进行正式访问。

10月11日，李克强总理（左）在文莱王宫与文莱苏丹哈桑纳尔举行会谈。（上图）

10月11日，李克强总理（前右）在泰国曼谷出席泰国总理英拉举行的欢迎仪式。（下图）

From 9 to 15 October, Premier Li Keqiang paid official visits to Brunei, Thailand and Vietnam at the invitation of Sultan Haji Hassanal Bolkiah of Brunei Darussalam, Prime Minister Yingluck Shinawatra of the Kingdom of Thailand and Prime Minister Nguyen Tan Dung of the Socialist Republic of Vietnam.

On 11 October, Premier Li Keqiang (left) held talks with Sultan Haji Hassanal Bolkiah at the Istana Nurul Iman palace, Brunei. (Upper picture)

On 11 October, Premier Li Keqiang (front right) attended the welcoming ceremony held by Thai Prime Minister Yingluck Shinawatra in Bangkok, Thailand. (Lower picture)

Du 9 au 15 octobre, sur l'invitation du Sultan du Negara Brunéi Darussalam Haji Hassanal Bolkiah, du Premier Ministre du Royaume de Thaïlande Yingluck Shinawatra, du Premier Ministre de la République socialiste du Viet Nam Nguyen Tan Dung, le Premier Ministre du Conseil des Affaires d'État Li Keqiang a effectué une visite officielle dans ces trois pays.

Le 11 octobre, le Premier Ministre Li Keqiang (à gauche) s'entretient avec le Sultan du Negara Brunéi Darussalam Haji Hassanal Bolkiah au Palais d'Istana Nurul Iman, au Brunéi. (Photo en haut)

Le 11 octobre, le Premier Ministre Li Keqiang (1er plan, à droite) assiste, à Bangkok, en Thaïlande, à la cérémonie d'accueil tenue par le Premier Ministre thaïlandais Yingluck Shinawatra en son honneur. (Photo en bas)

10月14日，李克强总理（左）在越南河内会见越南共产党中央总书记阮富仲。（上图）

11月25日至28日，应罗马尼亚总理维克多·蓬塔邀请，国务院总理李克强出席中国—中东欧国家领导人会晤并对罗马尼亚进行正式访问。

11月27日，李克强总理（左）在罗马尼亚布加勒斯特会见罗马尼亚总统特拉扬·伯塞斯库。（下图）

On 14 October, Premier Li Keqiang (left) met with General Secretary of the Communist Party of Vietnam Central Committee Nguyen Phu Trong in Hanoi, Vietnam. (Upper picture)

From 25 to 28 November, Premier Li Keqiang attended the China-Central and Eastern European Countries Summit and paid an official visit to Romania at the invitation of Prime Minister Victor Ponta of Romania.

On 27 November, Premier Li Keqiang (left) met with Romanian President Traian Basescu in Bucharest, Romania. (Lower picture)

Le 14 octobre, le Premier Ministre Li Keqiang (à gauche) rencontre, à Hanoï, au Viet Nam, le Secrétaire général du Comité central du Parti communiste vietnamien Nguyen Phu Trong. (Photo en haut)

Du 25 au 28 novembre, le Premier Ministre du Conseil des Affaires d'État Li Keqiang a participé au Sommet Chine-Pays d'Europe centrale et orientale et effectué une visite officielle en Roumanie sur l'invitation du Premier Ministre roumain Victor Ponta.

Le 27 novembre, le Premier Ministre Li Keqiang (à gauche) rencontre, à Bucarest, en Roumanie, le Président roumain Traian Basescu. (Photo en bas)

9月16日至25日，应乌干达共和国国民议会议长丽贝卡·阿利图瓦拉·卡达加、尼日利亚联邦共和国国民议会参议长戴维·马克和众议长阿米努·坦布瓦尔、斯洛伐克共和国国民议会议长帕沃尔·帕什卡、俄罗斯联邦会议联邦委员会主席瓦莲京娜·马特维延科和国家杜马主席谢尔盖·纳雷什金邀请，全国人大常委会委员长张德江对四国进行正式友好访问。

9月16日，张德江委员长（前右）在乌干达坎帕拉与乌干达国民议会议长卡达加举行会谈。

From 16 to 25 September, Chairman Zhang Dejiang of the Standing Committee of the National People's Congress (NPC) paid official goodwill visits to Uganda, Nigeria, Slovakia and Russia at the invitation of Speaker of the Parliament of the Republic of Uganda Rebecca Alitwala Kadaga, President of the Senate David Mark and Speaker of the House Aminu Tambuwal of the National Assembly of the Federal Republic of Nigeria, Speaker of the National Council of the Slovak Republic Pavol Paška and Chairwoman of Federation Council Valentina Matviyenko and Chairman of the State Duma Sergey Naryshkin of the the Federal Assembly of Russia.

On 16 September, Chairman Zhang Dejiang of the Standing Committee of the National People's Congress (front right) held talks with Rebecca Alitwala Kadaga, Speaker of Parliament of Uganda, in Kampala, Uganda.

Du 16 au 25 septembre, sur l'invitation de la Présidente du Parlement de la République d'Ouganda Rebecca Alitwala Kadaga, du Président du Sénat David Mark et du Président de la Chambre des Représentants de l'Assemblée nationale de la République fédérale du Nigéria Aminu Tambuwal, du Président du Conseil national de la République slovaque Pavol Paška, de la Présidente du Conseil de la Fédération de l'Assemblée fédérale de la Fédération de Russie Valentina Matviyenko et du Président du Douma d'État de la Fédération de Russie Sergey Naryshkin, le Président du Comité permanent de l'Assemblée populaire nationale (APN) Zhang Dejiang a effectué une visite d'amitié officielle dans ces quatre pays.

Le 16 septembre, le Président du Comité permanent de l'Assemblée populaire nationale (APN) Zhang Dejiang (1er plan, à droite) s'entretient avec la Présidente du Parlement ougandais Rebecca Alitwala Kadaga à Kampala, en Ouganda.

9月18日，张德江委员长（左）在尼日利亚阿布贾会见尼日利亚国民议会众议长阿米努·坦布瓦尔。

On 18 September, Chairman Zhang Dejiang of the Standing Committee of the National People's Congress (left) met with Aminu Tambuwal, Speaker of the House of Representatives of Nigeria, in Abuja, Nigeria.

Le 18 septembre, le Président du Comité permanent de l'APN Zhang Dejiang (à gauche) rencontre le Président de la Chambre des Représentants du Nigéria Aminu Tambuwal à Abuja, au Nigéria.

9月20日，张德江委员长（右）在斯洛伐克布拉迪斯拉发与斯洛伐克国民议会议长帕什卡举行会谈。（上图）

9月23日，张德江委员长（左）在莫斯科与俄罗斯联邦会议联邦委员会主席马特维延科举行会谈。（下图）

On 20 September, Chairman Zhang Dejiang of the Standing Committee of the National People's Congress (right) held talks with Pavol Paska, Speaker of the National Council of Slovakia, in Bratislava, Slovakia. (Upper picture)

On 23 September, Chairman Zhang Dejiang of the Standing Committee of the National People's Congress (left) held talks with Valentina Matvienko, Chairperson of the Council of the Federation of the Federal Assembly of the Russian Federation, in Moscow. (Lower picture)

Le 20 septembre, le Président du Comité permanent de l'APN Zhang Dejiang (à droite) s'entretient avec le Président du Conseil national slovaque Pavol Paška à Bratislava, en Slovaquie. (Photo en haut)

Le 23 septembre, le Président du Comité permanent de l'APN Zhang Dejiang (à gauche) s'entretient avec la Présidente du Conseil de la Fédération de l'Assemblée fédérale de Russie Valentina Matvienko à Moscou. (Photo en bas)

出访

5月31日至6月7日，应芬兰议会、瑞典议会、丹麦议会邀请，全国政协主席俞正声对三国进行正式友好访问。

5月31日，俞正声主席（右三）在芬兰赫尔辛基与芬兰议会议长埃罗·海内卢奥马（左三）举行会谈。

From 31 May to 7 June, Chairman Yu Zhengsheng of the National Committee of the Chinese People's Political Consultative Conference (CPPCC) paid official goodwill visits to Finland, Sweden and Denmark at the invitation of the Eduskunta, the parliament of Finland, the Riksdag, the parliament of Sweden, and the Folketing, the parliament of Denmark.

On 31 May, CPPCC Chairman Yu Zhengsheng (third from right) held talks with Speaker of the Parliament of Finland Eero Heinäluomain (third from left) in Helsinki, Finland.

Du 31 mai au 7 juin, sur l'invitation du Parlement finlandais, du Parlement suédois et du Parlement danois, le Président du Comité national de la Conférence consultative politique du Peuple chinois (CCPPC) Yu Zhengsheng a effectué une visite d'amitié officielle dans ces trois pays.

Le 31 mai, le Président Yu Zhengsheng (3e à droite) s'entretient avec le Président du Parlement finlandais Eero Heinäluoma (3e à gauche) à Helsinki, en Finlande.

6月3日，俞正声主席（左）在瑞典斯德哥尔摩会见瑞典国王卡尔十六世·古斯塔夫。

On 3 June, CPPCC Chairman Yu Zhengsheng (left) met with King of Sweden Carl XVI Gustaf in Stockholm, Sweden.

Le 3 juin, le Président Yu Zhengsheng (à gauche) rencontre à Stockholm le Roi de Suède Charles XVI Gustave.

6月6日，俞正声主席（左）在丹麦哥本哈根会见丹麦首相赫勒·托宁-施密特。

On 6 June, CPPCC Chairman Yu Zhengsheng (left) met with Danish Prime Minister Helle Thorning-Schmidt in Copenhagen, Denmark.

Le 6 juin, le Président Yu Zhengsheng (à gauche) rencontre à Copenhague, au Danemark, le Premier Ministre danois Helle Thorning-Schmidt.

9月4日至12日，应白俄罗斯共和国总统办公厅、乌克兰地区党、斯里兰卡外交部、柬埔寨人民党和奉辛比克党邀请，中共中央政治局常委、中央书记处书记刘云山对四国进行正式友好访问。

9月5日，中共中央政治局常委、中央书记处书记刘云山（右）在白俄罗斯明斯克会见白俄罗斯总统亚历山大·卢卡申科。（上图）

9月12日，中共中央政治局常委、中央书记处书记刘云山（左）在柬埔寨金边会见柬埔寨国王诺罗敦·西哈莫尼。（下图）

From 4 to 12 September, Liu Yunshan, member of the Standing Committee of the Political Bureau of the CPC Central Committee and member of the Secretariat of the CPC Central Committee, paid official goodwill visits to Belarus, Ukraine, Sri Lanka and Cambodia at the invitation of the Presidential Office of Belarus, Ukraine's Party of Regions, the Foreign Ministry of Sri Lanka and the Cambodian People's Party and Funcinpec Party.

On 5 September, Liu Yunshan (right), member of the Standing Committee of the Political Bureau of the CPC Central Committee and member of the Secretariat of the CPC Central Committee, met with Belorussian President Alexander Lukashenko in Minsk, Belarus. (Upper picture)

On 12 September, Liu Yunshan (left), member of the Standing Committee of the Political Bureau of the CPC Central Committee and member of the Secretariat of the CPC Central Committee, met with King of Cambodia Norodom Sihamoni in Phnom Penh, Cambodia. (Lower picture)

Du 4 au 12 septembre, sur l'invitation du cabinet du Président de la République du Bélarus, du Parti des Régions de l'Ukraine, du Ministère des Affaires étrangères de Sri Lanka, du Parti du Peuple Cambodgien et du Funcinpec du Cambodge, M. Liu Yunshan, membre du Comité permanent du Bureau politique et membre du Secrétariat du CC du PCC a effectué une visite d'amitié officielle dans ces quatre pays.

Le 5 septembre, M. Liu Yunshan (à droite), membre du Comité permanent du Bureau politique et membre du Secrétariat du CC du PCC, rencontre à Minsk, au Bélarus, le Président bélarussien Alexandre Loukachenko. (Photo en haut)

Le 12 septembre, M. Liu Yunshan (à gauche), membre du Comité permanent du Bureau politique et membre du Secrétariat du CC du PCC, rencontre à Phnom Penh le Roi du Cambodge Norodom Sihamoni. (Photo en bas)

10月21日至23日，应新加坡共和国副总理兼国家安全统筹部长和内政部长张志贤邀请，国务院副总理张高丽访问新加坡。

10月22日，张高丽副总理（左）在新加坡会见新加坡总统陈庆炎。

From 21 to 23 October, Vice Premier Zhang Gaoli of the State Council visited Singapore at the invitation of Teo Chee Hean, Deputy Prime Minister, Coordinating Minister for National Security and Minister for Home Affairs of the Republic of Singapore.

On 22 October, Vice Premier Zhang Gaoli (left) met with Singaporean President Tony Tan Keng Yam in Singapore.

Du 21 au 23 octobre, sur l'invitation de M. Teo Chee Hean, Vice-Premier Ministre, Ministre pour la Coordination de la Sécurité nationale et Ministre de l'Intérieur de la République de Singapour, le Vice-Premier Ministre du Conseil des Affaires d'État Zhang Gaoli a effectué une visite à Singapour.

Le 22 octobre, le Vice-Premier Ministre Zhang Gaoli (à gauche) rencontre, à Singapour, le Président singapourien Tony Tan Keng Yam.

9月2日，纳米比亚共和国总统希菲凯普涅·波汉巴在纳米比亚温得和克会见中共中央政治局委员、重庆市委书记孙政才（左）。

On 2 September, President of the Republic of Namibia Hifikepunye Pohamba met with Sun Zhengcai (left), member of the Political Bureau of the CPC Central Committee and Secretary of the CPC Chongqing Municipal Committee in Windhoek, Namibia.

Le 2 septembre, le Président de la République de Namibie Hifikepunye Pohamba rencontre à Windhoek, en Namibie, M. Sun Zhengcai (à gauche), membre du Bureau politique du CC du PCC et Secrétaire du Comité du PCC pour la municipalité de Chongqing.

7月25日，朝鲜民主主义人民共和国国防委员会第一委员长金正恩在朝鲜平壤会见出席朝鲜战争停战60周年纪念活动的国家副主席李源潮（左）。

On 25 July, Kim Jong Un, First Chairman of the National Defence Commission of the Democratic People's Republic of Korea, met with Vice President Li Yuanchao (left) in Pyongyang who was attending the activities marking the 60th anniversary of the Korean War armistice.

Le 25 juillet, le premier Président du Comité de la Défense nationale de la République populaire démocratique de Corée (RPDC) Kim Jong-un rencontre à Pyongyang le Vice-Président Li Yuanchao (à gauche) venu en RPDC assister aux commémorations du 60e anniversaire de l'Armistice de la Guerre de Corée.

6月1日，古巴共产党中央委员会第一书记、国务委员会主席兼部长会议主席劳尔·卡斯特罗·鲁斯在古巴哈瓦那会见中共中央政治局委员、北京市委书记郭金龙（左三）。（左图）

6月25日，尼泊尔联邦民主共和国部长委员会主席基尔·拉杰·雷格米在尼泊尔加德满都会见国务委员杨洁篪（左）。（右图）

On 1 June, Raúl Castro Ruz, First Secretary of the Central Committee of the Communist Party of Cuba, President of the Council of State and President of the Council of Ministers of Cuba, met with Guo Jinlong (third from left), member of the Political Bureau of the CPC Central Committee and Secretary of the CPC Beijing Municipal Committee in Havana, Cuba. (Left picture)

On 25 June,Chairman Khil Raj Regmi of the Council of Ministers of the Federal Democratic Republic of Nepal met with State Councilor Yang Jiechi (left) in Kathmandu, Nepal. (Right picture)

Le 1er juin, M. Raúl Castro Ruz, premier Secrétaire du Comité central du Parti communiste de Cuba et Président du Conseil d'État et du Conseil des ministres rencontre à Havane, à Cuba, M. Guo Jinlong (3e à gauche), membre du Bureau politique du CC du PCC et Secrétaire du Comité du PCC pour la municipalité de Beijing. (Photo à gauche)

Le 25 juin, Khil Raj Regmi, Président du Conseil des ministres de la République démocratique fédérale du Népal rencontre à Katmandou, au Népal, le Conseiller d'État Yang Jiechi (à gauche). (Photo à droite)

4月4日至11日，应国家主席习近平邀请，赞比亚共和国总统迈克尔·奇卢菲亚·萨塔对中国进行国事访问并出席博鳌亚洲论坛2013年年会。

4月6日，习近平主席在海南三亚为赞比亚总统萨塔（前右）举行欢迎仪式。

From 4 to 11 April, President Michael Chilufya Sata of the Republic of Zambia paid a state visit to China and attended the Boao Forum for Asia Annual Conference 2013 at the invitation of President Xi Jinping.

On 6 April, President Xi Jinping held a welcoming ceremony for Zambian President Michael Chilufya Sata (front right) in Sanya, Hainan Province.

Du 4 au 11 avril, sur l'invitation du Président Xi Jinping, le Président de la République de Zambie Michael Chilufya Sata a effectué une visite d'État en Chine et participé à la Conférence annuelle 2013 du Forum de Bo'ao pour l'Asie.

Le 6 avril, le Président Xi Jinping tient à Sanya, à Hainan, une cérémonie d'accueil en l'honneur du Président zambien Michael Chilufya Sata (1er plan, à droite).

4月5日至9日，应国家主席习近平邀请，秘鲁共和国总统奥扬塔·乌马拉对中国进行国事访问并出席博鳌亚洲论坛2013年年会。

4月6日，习近平主席在三亚与秘鲁总统乌马拉（左）举行会谈。

From 5 to 9 April, President Ollanta Humala of the Republic of Peru paid a state visit to China and attended the Boao Forum for Asia Annual Conference 2013 at the invitation of President Xi Jinping.

On 6 April, President Xi Jinping held talks with Peruvian President Ollanta Humala (left) in Sanya, Hainan Province.

Du 5 au 9 avril, sur l'invitation du Président Xi Jinping, le Président de la République du Pérou Ollanta Humala a effectué une visite d'État en Chine et participé à la Conférence annuelle 2013 du Forum de Bo'ao pour l'Asie.

Le 6 avril, le Président Xi Jinping s'entretient avec son homologue péruvien Ollanta Humala (à gauche) à Sanya, à Hainan.

4月25日至26日，应国家主席习近平邀请，法兰西共和国总统弗朗索瓦·奥朗德对中国进行国事访问。

4月25日，习近平主席在北京人民大会堂与法国总统奥朗德（左）共同出席中法商务论坛闭幕式。

From 25 to 26 April, President François Hollande of the French Republic paid a state visit to China at the invitation of President Xi Jinping.

On 25 April, President Xi Jinping and French President François Hollande (left) attended the closing ceremony of the China-France Business Forum at the Great Hall of the People, Beijing.

Les 25 et 26 avril, sur l'invitation du Président Xi Jinping, le Président de la République française François Hollande a effectué une visite d'État en Chine.

Le 25 avril, le Président Xi Jinping et le Président français François Hollande (à gauche) assistent ensemble à la cérémonie de clôture du Forum économique sino-français au Grand Palais du Peuple à Beijing.

来访

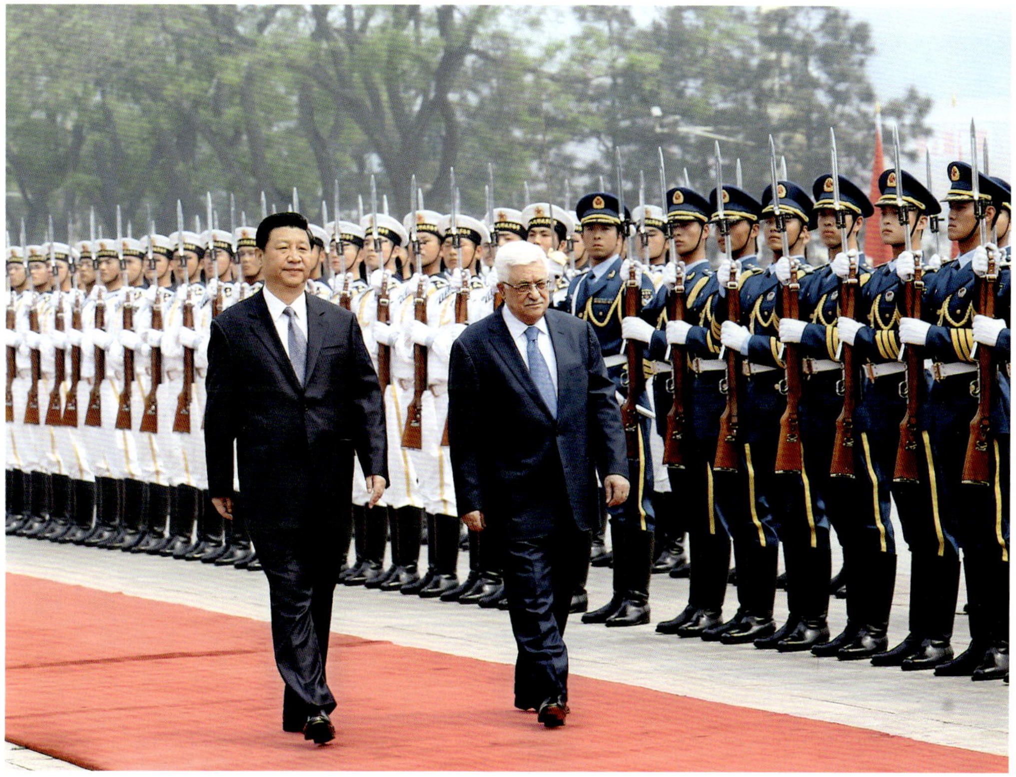

5月5日至7日，应国家主席习近平邀请，巴勒斯坦国总统马哈茂德·阿巴斯对中国进行国事访问。

5月6日，习近平主席在北京人民大会堂东门外广场为巴勒斯坦总统阿巴斯（前右）举行欢迎仪式。（上图）

5月19日至20日，应国家主席习近平邀请，塔吉克斯坦共和国总统埃莫马利·拉赫蒙对中国进行国事访问。

5月20日，习近平主席在北京人民大会堂与塔吉克斯坦总统拉赫蒙（前左）举行会谈并共同签署《中华人民共和国和塔吉克斯坦共和国关于建立战略伙伴关系的联合宣言》。（下图）

From 5 to 7 May, President Mahmoud Abbas of the State of Palestine paid a state visit to China at the invitation of President Xi Jinping.

On 6 May, President Xi Jinping held a welcoming ceremony for Palestinian President Abbas (front right) at the square outside the eastern entrance of the Great Hall of the People, Beijing. (Upper picture)

From 19 to 20 May, President Emomalii Rahmon of the Republic of Tajikistan paid a state visit to China at the invitation of President Xi Jinping.

On 20 May, President Xi Jinping held talks with Tajik President Emomalii Rahmon (front left), and they signed the *Joint Declaration Between the People's Republic of China and the Republic of Tajikistan on Establishing Strategic Partnership*. (Lower picture)

Du 5 au 7 mai, sur l'invitation du Président Xi Jinping, le Président de l'État de Palestine Mahmoud Abbas a effectué une visite d'État en Chine.

Le 6 mai, le Président Xi Jinping tient une cérémonie d'accueil en l'honneur du Président palestinien Mahmoud Abbas (1er plan, à droite) sur l'esplanade Est du Grand Palais du Peuple, à Beijing. (Photo en haut)

Les 19 et 20 mai, sur l'invitation du Président Xi Jinping, le Président de la République du Tadjikistan Emomalii Rahmon a effectué une visite d'État en Chine.

Le 20 mai, le Président Xi Jinping et son homologue tadjik Emomalii Rahmon (1er plan, à gauche) s'entretiennent au Grand Palais du Peuple, à Beijing, et signent la *Déclaration conjointe sur l'établissement du partenariat stratégique entre la République populaire de Chine et la République du Tadjikistan*. (Photo en bas)

6月27日至30日，应国家主席习近平邀请，大韩民国总统朴槿惠对中国进行国事访问。

6月27日，习近平主席（左四）在北京人民大会堂与韩国总统朴槿惠（右三）举行会谈。

From 27 to 30 June, President Park Geun-hye of the Republic of Korea paid a state visit to China at the invitation of President Xi Jinping.

On 27 June, President Xi Jinping (fourth from left) held talks with President Park Geun-hye (third from right) at the Great Hall of the People, Beijing.

Du 27 au 30 juin, sur l'invitation du Président Xi Jinping, la Présidente de la République de Corée Park Geun-hye a effectué une visite d'État en Chine.

Le 27 juin, le Président Xi Jinping (4e à gauche) s'entretient avec la Présidente de la République de Corée Park Geun-hye (3e à droite) au Grand Palais du Peuple à Beijing.

7月9日至12日，应国家主席习近平邀请，尼日利亚总统古德勒克·乔纳森对中国进行国事访问。

7月10日，习近平主席在北京人民大会堂与尼日利亚总统乔纳森（左）举行会谈并共同出席有关合作文件的签字仪式。

From 9 to 12 July, President Goodluck Jonathan of the Federal Republic of Nigeria paid a state visit to China at the invitation of President Xi Jinping.

On 10 July, President Xi Jinping held talks with Nigerian President Goodluck Jonathan (left), and they attended the signing ceremony of relevant cooperation documents at the Great Hall of the People, Beijing.

Du 9 au 12 juillet, sur l'invitation du Président Xi Jinping, le Président du Nigéria Goodluck Jonathan a effectué une visite d'État en Chine.

Le 10 juillet, le Président Xi Jinping et le Président nigérian Goodluck Jonathan (à gauche) s'entretiennent au Grand Palais du Peuple, à Beijing, et assistent ensemble à la cérémonie de signature de documents de coopération.

8月18日至23日，应国家主席习近平邀请，肯尼亚共和国总统乌胡鲁·肯雅塔对中国进行国事访问。

8月19日，习近平主席（左四）在北京人民大会堂与肯尼亚总统肯雅塔（右三）举行会谈。

From 18 to 23 August, President Uhuru Kenyatta of the Republic of Kenya paid a state visit to China at the invitation of President Xi Jinping.

On 19 August, President Xi Jinping (fourth from left) held talks with Kenyan President Uhuru Kenyatta (third from right) at the Great Hall of the People, Beijing.

Du 18 au 23 août, sur l'invitation du Président Xi Jinping, le Président de la République du Kenya Uhuru Kenyatta a effectué une visite d'État en Chine.

Le 19 août, le Président Xi Jinping (4e à gauche) s'entretient avec le Président kényen Uhuru Kenyatta (3e à droite) au Grand Palais du Peuple, à Beijing.

9月14日至16日，应国家主席习近平邀请，巴林王国国王哈马德·本·伊萨·阿勒哈利法对中国进行国事访问。

9月16日，习近平主席在北京人民大会堂为巴林国王哈马德（前右）举行欢迎仪式。

From 14 to 16 September, King Hamad bin Isa Al Khalifa of the Kingdom of Bahrain paid a state visit to China at the invitation of President Xi Jinping.

On 16 September, President Xi Jinping held a welcoming ceremony for King Hamad bin Isa Al Khalifa (front right) at the Great Hall of the People, Beijing.

Du 14 au 16 septembre, sur l'invitation du Président Xi Jinping, le Roi Cheikh Hamad bin Issa Al Khalifa du Royanme de bahreïn a effectué une visite d'État en Chine.

Le 16 septembre, le Président Xi Jinping tient une cérémonie d'accueil en l'honneur du Roi de Bahreïn Cheikh Hamad bin Issa Al Khalifa (1er plan, à droite) au Grand Palais du Peuple, à Beijing.

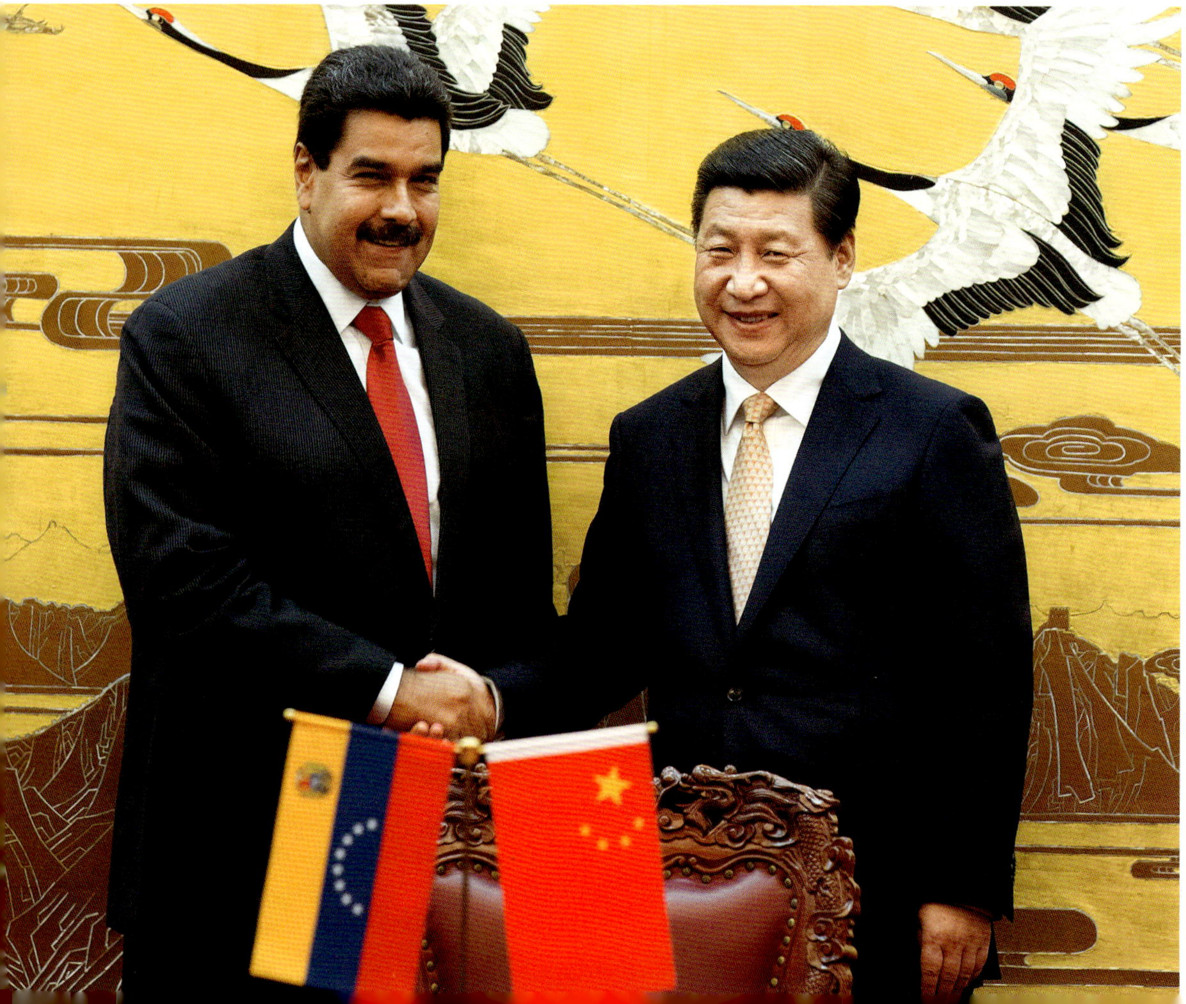

9月15日至18日，应国家主席习近平邀请，约旦哈希姆王国国王阿卜杜拉二世·本·侯赛因对中国进行国事访问。

9月18日，习近平主席在北京人民大会堂为约旦国王阿卜杜拉二世（前右）举行欢迎仪式。（上图）

9月21日至24日，应国家主席习近平邀请，委内瑞拉玻利瓦尔共和国总统尼古拉斯·马杜罗对中国进行国事访问。

9月22日，习近平主席在北京人民大会堂与委内瑞拉总统马杜罗（左）举行会谈并共同出席有关合作文件的签字仪式。（下图）

From 15 to 18 September, King Abdullah II Bin Al-Hussein of the Hashemite Kingdom of Jordan paid a state visit to China at the invitation of President Xi Jinping.

On 18 September, President Xi Jinping held a welcoming ceremony for King Abdullah II Bin Al-Hussein (front right) at the Great Hall of the People, Beijing. (Upper picture)

From 21 to 24 September, President Nicolás Maduro of the Bolivarian Republic of Venezuela paid a state visit to China at the invitation of President Xi Jinping.

On 22 September, President Xi Jinping held talks with Venezuelan President Nicolás Maduro (left), and they jointly attended the signing ceremony of relevant cooperation documents at the Great Hall of the People, Beijing. (Lower picture)

Du 15 au 18 septembre, sur l'invitation du Président Xi Jinping, le Roi Abdullah II Bin Al-Hussein du Royaume hachémite de Jordanie a effectué une visite d'État en Chine.

Le 18 septembre, le Président Xi Jinping tient une cérémonie d'accueil en l'honneur du Roi Abdallah II de Jordanie (1er plan, à droite) au Grand Palais du Peuple, à Beijing. (Photo en haut)

Du 21 au 24 septembre, sur l'invitation du Président Xi Jinping, le Président de la République bolivarienne du Venezuela Nicolás Maduro a effectué une visite d'État en Chine.

Le 22 septembre, le Président Xi Jinping et le Président vénézuélien Nicolás Maduro (à gauche) s'entretiennent au Grand Palais du Peuple, à Beijing, et assistent ensemble à la cérémonie de signature de documents de coopération. (Photo en bas)

9月25日至28日，应国家主席习近平邀请，阿富汗伊斯兰共和国总统哈米德·卡尔扎伊对中国进行国事访问。

9月27日，国家主席习近平（左五）在北京人民大会堂与阿富汗总统卡尔扎伊（右五）举行会谈。

From 25 to 28 September, President Hamid Karzai of the Islamic Republic of Afghanistan paid a state visit to China at the invitation of President Xi Jinping.

On 27 September, President Xi Jinping (fifth from left) held talks with Afghan President Hamid Karzai (fifth from right) at the Great Hall of the People, Beijing.

Du 25 au 28 septembre, sur l'invitation du Président Xi Jinping, le Président de la République islamique d'Afghanistan Hamid Karzaï a effectué une visite d'État en Chine.

Le 27 septembre, le Président Xi Jinping (5e à gauche) s'entretient avec son homologue afghan Hamid Karzaï (5e à droite) au Grand Palais du Peuple, à Beijing.

10月15日至23日，应国家主席习近平邀请，澳大利亚联邦总督昆廷·布赖斯对中国进行国事访问。

10月17日，习近平主席在北京人民大会堂为澳大利亚总督布赖斯（前右）举行欢迎仪式。

From 15 to 23 October, Governor General Quentin Bryce of the Commonwealth of Australia paid a state visit to China at the invitation of President Xi Jinping.

On 17 October, President Xi Jinping held a welcoming ceremony for Governor General Quentin Bryce (front right) at the Great Hall of the People, Beijing.

Du 15 au 23 octobre, sur l'invitation du Président Xi Jinping, la Gouverneure générale du Commonwealth d'Australie Quentin Bryce a effectué une visite d'État en Chine.

Le 17 octobre, le Président Xi Jinping tient une cérémonie d'accueil en l'honneur de la Gouverneure générale australienne Quentin Bryce (1er plan, à droite) au Grand Palais du Peuple, à Beijing.

10月18日至24日，应国家主席习近平邀请，加拿大总督戴维·约翰斯顿对中国进行国事访问。

10月18日，习近平主席（左三）在北京人民大会堂与加拿大总督约翰斯顿（右三）会谈。

From 18 to 24 October, Governor General David Johnston of Canada paid a state visit to China at the invitation of President Xi Jinping.

On 18 October, President Xi Jinping (third from left) held talks with Governor General David Johnston (third from right) at the Great Hall of the People, Beijing.

Du 18 au 24 octobre, sur l'invitation du Président Xi Jinping, le Gouverneur général du Canada David Johnston a effectué une visite d'État en Chine.

Le 18 octobre, le Président Xi Jinping (3e à gauche) s'entretient avec le Gouverneur général du Canada David Johnston (3e à droite) au Grand Palais du Peuple, à Beijing.

11月12日至15日，应国家主席习近平邀请，也门共和国总统阿卜杜拉布·曼苏尔·哈迪对中国进行国事访问。

11月13日，习近平主席在北京人民大会堂与也门总统哈迪（左）举行会谈并共同出席有关合作文件的签字仪式。

From 12 to 15 November, President Abd Rabbuh Mansur Hadi of the Republic of Yemen paid a state visit to China at the invitation of President Xi Jinping.

On 13 November, President Xi Jinping held talks with President Abd Rabbuh Mansur Hadi (left), and they jointly attended the signing ceremony of relevant cooperation documents at the Great Hall of the People, Beijing.

Du 12 au 15 novembre, sur l'invitation du Président Xi Jinping, le Président de la République du Yémen Abd Rabbuh Mansur Hadi a effectué une visite d'État en Chine.

Le 13 novembre, le Président Xi Jinping et son homologue yéménite Abd Rabbuh Mansur Hadi (à gauche) s'entretiennent au Grand Palais du Peuple, à Beijing, et assistent ensemble à la cérémonie de signature de documents de coopération.

12月19日至21日，应国家主席习近平邀请，多民族玻利维亚国总统埃沃·莫拉莱斯·艾马对中国进行国事访问。

12月19日，习近平主席在北京人民大会堂为玻利维亚总统莫拉莱斯（中右）举行欢迎仪式。

From 19 to 21 December, President Evo Morales Ayma of the Plurinational State of Bolivia paid a state visit to China at the invitation of President Xi Jinping.

On 19 December, President Xi Jinping held a welcoming ceremony for President Evo Morales Ayma (center right) at the Great Hall of the People, Beijing.

Du 19 au 21 décembre, sur l'invitation du Président Xi Jinping, le Président de l'État plurinational de Bolivie Evo Morales Ayma a effectué une visite d'État en Chine.

Le 19 décembre, le Président Xi Jinping tient une cérémonie d'accueil en l'honneur du Président bolivien Evo Morales Ayma (au milieu, à droite) au Grand Palais du Peuple, à Beijing.

4月6日至12日，应国务院总理李克强邀请，新西兰总理约翰·基对中国进行正式访问并出席博鳌亚洲论坛2013年年会。

4月10日，李克强总理在北京人民大会堂为新西兰总理约翰·基（左）举行欢迎仪式。

From 6 to 12 April, Prime Minister John Key of New Zealand paid an official visit to China and attended the Boao Forum for Asia Annual Conference 2013 at the invitation of Premier Li Keqiang.

On 10 April, Premier Li Keqiang held a welcoming ceremony for Prime Minister John Key (left) at the Great Hall of the People, Beijing.

Du 6 au 12 avril, sur l'invitation du Premier Ministre du Conseil des Affaires d'État Li Keqiang, le Premier Ministre néo-zélandais John Key a effectué une visite officielle en Chine et participé à la Conférence annuelle 2013 du Forum de Bo'ao pour l'Asie.

Le 10 avril, le Premier Ministre Li Keqiang tient une cérémonie d'accueil au Grand Palais du Peuple, à Beijing, en l'honneur du Premier Ministre néo-zélandais John Key (à gauche).

4月13日至18日，应国务院总理李克强邀请，冰岛共和国总理约翰娜·西于尔扎多蒂对中国进行正式访问。

4月15日，李克强总理在北京人民大会堂为冰岛总理西于尔扎多蒂（左）举行欢迎仪式。（上图）

5月6日至10日，应国务院总理李克强邀请，以色列国总理本雅明·内塔尼亚胡对中国进行正式访问。

5月8日，李克强总理（左四）在北京人民大会堂与以色列总理内塔尼亚胡（右四）举行会谈。（下图）

From 13 to 18 April, Prime Minister Jóhanna Sigurðardóttir of the Republic of Iceland paid an official visit to China at the invitation of Premier Li Keqiang.

On 15 April, Premier Li Keqiang held a welcoming ceremony for Prime Minister Jóhanna Sigurðardóttir (left) at the Great Hall of the People, Beijing. (Upper picture)

From 6 to 10 May, Prime Minister Benjamin Netanyahu of the State of Israel paid an official visit to China at the invitation of Premier Li Keqiang.

On 8 May, Premier Li Keqiang (fourth from left) held talks with Prime Minister Benjamin Netanyahu (fourth from right) at the Great Hall of the People, Beijing. (Lower picture)

Du 13 au 18 avril, sur l'invitation du Premier Ministre du Conseil des Affaires d'État Li Keqiang, le Premier Ministre de la République d'Islande Jóhanna Sigurðardóttir a effectué une visite officielle en Chine.

Le 15 avril, le Premier Ministre Li Keqiang tient une cérémonie d'accueil, au Grand Palais du Peuple à Beijing, en l'honneur du Premier Ministre islandais Jóhanna Sigurðardóttir (à gauche). (Photo en haut)

Du 6 au 10 mai, sur l'invitation du Premier Ministre du Conseil des Affaires d'État Li Keqiang, le Premier Ministre de l'État d'Israël Benyamin Netanyahou a effectué une visite officielle en Chine.

Le 8 mai, le Premier Ministre Li Keqiang (4e à gauche) s'entretient avec le Premier Ministre israélien Benyamin Netanyahou (4e à droite) au Grand Palais du Peuple, à Beijing. (Photo en bas)

来访

5月15日至19日，应国务院总理李克强邀请，希腊共和国总理安东尼斯·萨马拉斯对中国进行正式访问。

5月16日，李克强总理在北京人民大会堂为希腊总理萨马拉斯（前右）举行欢迎仪式。

From 15 to 19 May, Prime Minister Antonis Samaras of the Hellenic Republic paid an official visit to China at the invitation of Premier Li Keqiang.

On 16 May, Premier Li Keqiang held a welcoming ceremony for Prime Minister Antonis Samaras (front right) at the Great Hall of the People, Beijing.

Du 15 au 19 mai, sur l'invitation du Premier Ministre du Conseil des Affaires d'État Li Keqiang, le Premier Ministre de la République hellénique Antonis Samaras a effectué une visite officielle en Chine.

Le 16 mai, le Premier Ministre Li Keqiang tient une cérémonie d'accueil en l'honneur du Premier Ministre grec Antonis Samaras (1er plan, à droite) au Grand Palais du Peuple, à Beijing.

5月29日，国务院总理李克强在北京人民大会堂与斐济共和国总理乔萨亚·沃伦盖·姆拜尼马拉马（左）举行会谈。

On 29 May, Premier Li Keqiang held talks with Prime Minister Josaia Voreqe Bainimarama (left) of the Republic of Fiji at the Great Hall of the People, Beijing.

Le 29 mai, le Premier Ministre du Conseil des Affaires d'État Li Keqiang s'entretient avec le Premier Ministre de la République des Fidji Josaia Voreqe Bainimarama (à gauche) au Grand Palais du Peuple, à Beijing.

6月12日至16日，应国务院总理李克强邀请，埃塞俄比亚联邦民主共和国总理海尔马里亚姆·德萨莱尼对中国进行正式访问。

6月13日，李克强总理在北京人民大会堂为埃塞俄比亚总理海尔马里亚姆（右）举行欢迎仪式。

From 12 to 16 June, Prime Minister Hailemariam Desalegn of the Federal Democratic Republic of Ethiopia paid an official visit to China at the invitation of Premier Li Keqiang.

On 13 June, Premier Li Keqiang held a welcoming ceremony for Prime Minister Hailemariam Desalegn (right) at the Great Hall of the People, Beijing.

Du 12 au 16 juin, sur l'invitation du Premier Ministre du Conseil des Affaires d'État Li Keqiang, le Premier Ministre de la République fédérale démocratique d'Éthiopie Hailemariam Desalegn a effectué une visite officielle en Chine.

Le 13 juin, le Premier Ministre Li Keqiang tient, au Grand Palais du Peuple à Beijing, une cérémonie d'accueil en l'honneur de son homologue éthiopien Hailemariam Desalegn (à droite).

8月20日至25日，应国务院总理李克强邀请，牙买加总理波西娅·辛普森–米勒对中国进行正式访问。

8月21日，李克强总理在北京人民大会堂为牙买加总理辛普森–米勒（左）举行欢迎仪式。

From 20 to 25 August, Prime Minister Portia Simpson-Miller of Jamaica paid an official visit to China at the invitation of Premier Li Keqiang.

On 21 August, Premier Li Keqiang held a welcoming ceremony for Prime Minister Portia Simpson-Miller (left) at the Great Hall of the People, Beijing.

Du 20 au 25 août, sur l'invitation du Premier Ministre du Conseil des Affaires d'État Li Keqiang, le Premier Ministre de Jamaïque Portia Simpson-Miller a effectué une visite officielle en Chine.

Le 21 août, le Premier Ministre Li Keqiang tient, au Grand Palais du Peuple à Beijing, une cérémonie d'accueil en l'honneur de son homologue jamaïcaine Portia Simpson-Miller (à gauche).

10月22日至23日，应国务院总理李克强邀请，俄罗斯联邦政府总理德米特里·梅德韦杰夫对中国进行正式访问。

10月22日，李克强总理（右二）在北京人民大会堂与俄罗斯总理梅德韦杰夫（左二）共同主持中俄总理第18次定期会晤。

From 22 to 23 October, Prime Minister Dmitry Medvedev of the Russian Federation paid an official visit to China at the invitation of Premier Li Keqiang.

On 22 October, Premier Li Keqiang (second from right) and Russian Prime Minister Dmitry Medvedev (second from left) co-chaired the 18th regular meeting between the Chinese and Russian heads of government at the Great Hall of the People, Beijing.

Les 22 et 23 octobre, sur l'invitation du Premier Ministre du Conseil des Affaires d'État Li Keqiang, le Premier Ministre de la Fédération de Russie Dmitri Medvedev a effectué une visite officielle en Chine.

Le 22 octobre, le Premier Ministre Li Keqiang (2e à droite) préside ensemble avec son homologue russe Dmitri Medvedev (2e à gauche) la 18e Rencontre régulière entre les Premiers Ministres chinois et russe au Grand Palais du Peuple, à Beijing.

9月11日，国务院总理李克强在辽宁大连会见马耳他共和国总理约瑟夫·穆斯卡特（左）。

On 11 September, Premier Li Keqiang met with Prime Minister Joseph Muscat (left) of the Republic of Malta in Dalian, Liaoning Province.

Le 11 septembre, le Premier Ministre du Conseil des Affaires d'État Li Keqiang rencontre le Premier Minsitre de la République de Malte Joseph Muscat (à gauche) à Dalian, au Liaoning.

10月22日至27日，应国务院总理李克强邀请，蒙古国总理诺罗布·阿勒坦呼雅格对中国进行正式访问。

10月25日，李克强总理在北京人民大会堂与蒙古总理阿勒坦呼雅格（前左）共同签署《中蒙战略伙伴关系中长期发展纲要》。

From 22 to 27 October, at the invitation of Premier Li Keqiang of the State Council, Prime Minister Norov Altankhuyag of Mongolia paid an official visit to China.

On 25 October, Premier Li Keqiang and Mongolian Prime Minister Altankhuyag (front left) signed the *Outline for Medium- and Long-Term Development of China-Mongolia Strategic Partnership* at the Great Hall of the People, Beijing.

Du 22 au 27 octobre, sur l'invitation du Premier Ministre du Conseil des Affaires d'État Li Keqiang, le Premier Ministre de Mongolie Norov Altankhuyag a effectué une visite officielle en Chine.

Le 25 octobre, le Premier Ministre Li Keqiang et son homologue mongol Norov Altankhuyag (1er plan, à gauche) signent ensemble, au Grand Palais du Peuple à Beijing, le *Programme de développement à moyen et long terme du partenariat stratégique sino-mongol*.

12月2日至4日，应国务院总理李克强邀请，大不列颠及北爱尔兰联合王国首相戴维·卡梅伦对中国进行正式访问。

12月2日，李克强总理在北京人民大会堂与英国首相卡梅伦（左）举行中英总理年度会晤。（左图）

12月5日，国务院总理李克强在北京中南海紫光阁会见美国副总统小约瑟夫·拜登（左）。（右图）

From 2 to 4 December, at the invitation of Premier Li Keqiang of the State Council, Prime Minister David Cameron of the United Kingdom of Great Britain and Northern Ireland paid an official visit to China.

On 2 December, Premier Li Keqiang and British Prime Minister Cameron (left) held the Annual China-UK Prime Ministers' Meeting at the Great Hall of the People, Beijing. (Left picture)

On 5 December, Premier Li Keqiang of the State Council met with US Vice President Joseph Biden Jr. (left) at Ziguangge, Zhongnanhai, Beijing. (Right picture)

Du 2 au 4 décembre, sur l'invitation du Premier Ministre du Conseil des Affaires d'État Li Keqiang, le Premier Ministre du Royaume-Uni de Grande-Bretagne et d'Irlande du Nord David Cameron a effectué une visite officielle en Chine.

Le 2 décembre, le Premier Ministre Li Keqiang et le Premier Ministre britannique David Cameron (à gauche) s'entretiennent dans le cadre de la rencontre annuelle entre les Premiers Ministres chinois et britannique au Grand Palais du Peuple, à Beijing. (Photo à gauche)

Le 5 décembre, le Premier Ministre du Conseil des Affaires d'État Li Keqiang rencontre le Vice-Président américain Joseph Biden Jr. (à gauche) au Pavillon Ziguangge à Zhongnanhai, à Beijing. (Photo à droite)

4月28日，全国人大常委会委员长张德江在北京人民大会堂会见阿根廷众议院议长胡利安·安德雷斯·多明格斯（前左）。（上图）

7月4日至9日，应全国人大常委会委员长张德江邀请，西班牙王国众议院议长赫苏斯·玛利亚·波萨达·莫雷诺对中国进行正式友好访问。

7月4日，张德江委员长在北京人民大会堂与西班牙众议院议长波萨达（左）举行会谈。（下图）

On 28 April, Chairman Zhang Dejiang of the Standing Committee of the National People's Congress met with Argentine House Speaker Julián Andrés Domínguez (front left) at the Great Hall of the People, Beijing. (Upper picture)

From 4 to 9 July, Jesús María Posada Moreno, President of the Congress of Deputies of the Kingdom of Spain, paid an official goodwill visit to China at the invitation of Chairman Zhang Dejiang of the Standing Committee of the National People's Congress.

On 4 July, Chairman Zhang Dejiang of the Standing Committee of the National People's Congress held talks with Jesús María Posada Moreno (left), President of the Congress of Deputies of the Kingdom of Spain, at the Great Hall of the People, Beijing. (Lower picture)

Le 28 avril, le Président du Comité permanent de l'APN Zhang Dejiang rencontre le Président de la Chambre des Députés de l'Argentine Julián Andrés Domínguez (1er plan, à gauche) au Grand Palais du Peuple, à Beijing. (Photo en haut)

Du 4 au 9 juillet, sur l'invitation du Président du Comité permanent de l'APN Zhang Dejiang, le Président du Congrès des Députés du Royaume d'Espagne Jesús María Posada Moreno a effectué une visite officielle d'amitié en Chine.

Le 4 juillet, le Président du Comité permanent de l'APN Zhang Dejiang s'entretient avec le Président du Congrès des Députés espagnol Jesús María Posada Moreno (à gauche) au Grand Palais du Peuple, à Beijing. (Photo en bas)

来访

9月2日，全国人大常委会委员长张德江在北京人民大会堂与各国议会联盟主席阿卜杜勒瓦赫德·拉迪（左）举行会谈。（左图）

10月14日至17日，应全国人大常委会委员长张德江邀请，哈萨克斯坦议会下院议长努尔兰·尼格马图林对中国进行正式友好访问。

10月15日，张德江委员长在北京人民大会堂与哈萨克斯坦议会下院议长尼格马图林（左）举行会谈。（右图）

On 2 September, Chairman Zhang Dejiang of the Standing Committee of the National People's Congress held talks with President Abdelwahad Radi (left) of the Inter-Parliamentary Union at the Great Hall of the People, Beijing. (Left picture)

From 14 to 17 October, Nurlan Nigmatulin, Speaker of the Majilis of Kazakhstan, paid an official goodwill visit to China at the invitation of Chairman Zhang Dejiang of the Standing Committee of the National People's Congress.

On 15 October, Chairman Zhang Dejiang of the Standing Committee of the National People's Congress held talks with Nurlan Nigmatulin (left), Speaker of the Majilis of Kazakhstan, at the Great Hall of the People, Beijing. (Right picture)

Le 2 septembre, le Président du Comité permanent de l'APN Zhang Dejiang s'entretient avec le Président de l'Union interparlementaire Abdelwahad Radi (à gauche) au Grand Palais du Peuple, à Beijing. (Photo à gauche)

Du 14 au 17 octobre, sur l'invitation du Président du Comité permanent de l'APN Zhang Dejiang, le Président de la Chambre basse du Parlement kazakh Nurlan Nigmatulin a effectué une visite officielle d'amitié en Chine.

Le 15 octobre, le Président du Comité permanent de l'APN Zhang Dejiang s'entretient avec le Président de la Chambre basse du Parlement kazakh Nurlan Nigmatulin (à gauche) au Grand Palais du Peuple, à Beijing. (Photo à droite)

4月27日，全国政协主席俞正声在北京人民大会堂会见欧盟外交与安全政策高级代表兼欧盟委员会副主席凯瑟琳·阿什顿（左）。

On 27 April, Chairman Yu Zhengsheng of the National Committee of the Chinese People's Political Consultative Conference met with Catherine Ashton (left), High Representative of the European Union for Foreign Affairs and Security Policy and Vice President of the European Commission, at the Great Hall of the People, Beijing.

Le 27 avril, le Président du Comité national de la CCPPC Yu Zhengsheng rencontre, au Grand Palais du Peuple à Beijing, la Haute Représentante de l'Union européenne pour les affaires étrangères et la politique de sécurité et Vice-Présidente de la Commission européenne Catherine Ashton (à gauche).

4月28日，全国政协主席俞正声在北京人民大会堂会见阿根廷众议长胡利安·安德雷斯·多明格斯（左）。

On 28 April, Chairman Yu Zhengsheng of the National Committee of the Chinese People's Political Consultative Conference met with President of the Chamber of Deputies Julián Andrés Domínguez (left) of the Argentine Republic at the Great Hall of the People, Beijing.

Le 28 avril, le Président du Comité national de la CCPPC Yu Zhengsheng rencontre, au Grand Palais du Peuple à Beijing, le Président de la Chambre des Députés de la République argentine Julián Andrés Domínguez (à gauche).

5月17日，全国政协主席俞正声在浙江杭州会见安提瓜和巴布达总督路易丝·莱克–塔克（左）。（上图）

9月14日，全国政协主席俞正声在宁夏银川会见瓦努阿图共和国总理莫阿纳·卡凯塞斯（左）。（下图）

On 17 May, Chairman Yu Zhengsheng of the National Committee of the Chinese People's Political Consultative Conference met with Governor-General Louise Lake-Tack (left) of Antigua and Barbuda in Hangzhou, Zhejiang. (Upper picture)

On 14 September, Chairman Yu Zhengsheng of the National Committee of the Chinese People's Political Consultative Conference met with Prime Minister Moana Carcasses (left) of the Republic of Vanuatu in Yinchuan, Ningxia. (Lower picture)

Le 17 mai, le Président du Comité national de la CCPPC Yu Zhengsheng rencontre, à Hangzhou,au Zhejiang, la Gouverneure générale d'Antigua-et-Barbuda Louise Lake-Tack (à gauche). (Photo en haut)

Le 14 septembre, le Président du Comité national de la CCPPC Yu Zhengsheng rencontre, à Yinchuan,au Ningxia, le Premier Ministre de la République de Vanuatu Moana Carcasses (à gauche). (Photo en bas)

3月26日，中共中央政治局常委、中央纪委书记王岐山在北京人民大会堂会见德国联邦议院联盟党党团主席福尔克尔·考德尔（前左）。（上图）

6月4日，中共中央政治局常委、中央纪委书记王岐山在北京人民大会堂会见白俄罗斯总统办公厅主任安德烈·科比亚科夫（左）。（下图）

On 26 March, Wang Qishan, member of the Standing Committee of the Political Bureau and Secretary of the Central Commission for Discipline Inspection of the CPC Central Committee, met with Chairman Volker Kauder (front left) of the CDU/CSU parliamentary group in the German Bundestag at the Great Hall of the People, Beijing. (Upper picture)

On 4 June, Wang Qishan, member of the Standing Committee of the Political Bureau and Secretary of the Central Commission for Discipline Inspection of the CPC Central Committee, met with Presidential Chief of Staff of Belarus Andrey Kobyakov (left) at the Great Hall of the People, Beijing. (Lower picture)

Le 26 mars, M. Wang Qishan, membre du Comité permanent du Bureau politique du CC du PCC et Secrétaire de la Commission centrale de Contrôle de la Discipline du PCC, rencontre, au Grand Palais du Peuple à Beijing, le Président du Groupe parlementaire CDU/CSU au Bundestag allemand Volker Kauder (1er plan, à gauche). (Photo en haut)

Le 4 juin, M. Wang Qishan, membre du Comité permanent du Bureau politique du CC du PCC et Secrétaire de la Commission centrale de Contrôle de la Discipline du PCC, rencontre, au Grand Palais du Peuple à Beijing, M. Andrey Kobyakov (à gauche), Directeur du Cabinet du Président bélarussien. (Photo en bas)

7月19日，国务院副总理张高丽在贵州贵阳会见多米尼克国总理罗斯福·斯凯里特（左）。

On 19 July, Vice Premier Zhang Gaoli of the State Council met with Prime Minister Roosevelt Skerrit (left) of the Commonwealth of Dominica in Guiyang, Guizhou.

Le 19 juillet, le Vice-Premier Ministre du Conseil des Affaires d'État Zhang Gaoli rencontre, à Guiyang, au Guizhou, le Premier Ministre du Commonwealth de la Dominique Roosevelt Skerrit (à gauche).

11月6日，国务院副总理张高丽在北京中南海紫光阁会见克罗地亚共和国第一副总理兼外交和欧洲事务部部长韦斯娜·普希奇（左）。

On 6 November, Vice Premier Zhang Gaoli of the State Council met with Vesna Pusic (left), First Deputy Prime Minister and Minister of Foreign and European Affairs of the Republic of Croatia at Ziguangge, Zhongnanhai, Beijing.

Le 6 novembre, le Vice-Premier Ministre du Conseil des Affaires d'État Zhang Gaoli rencontre, au Pavillon Ziguangge à Zhongnanhai, à Beijing, le Premier Vice-Premier Ministre et Ministre des Affaires étrangères et européennes de la République de Croatie Vesna Pusic (à gauche).

6月5日，国务院副总理马凯在云南昆明会见尼泊尔副总统帕尔马南达·贾阿（左）。（上图）

5月24日，国务院副总理刘延东在北京中南海紫光阁会见埃塞俄比亚副总理兼教育部长德梅克·梅孔嫩（左）。（下图）

On 5 June, Vice Premier Ma Kai of the State Council met with Vice President Parmanand Jha (left) of the Federal Democratic Republic of Nepal in Kunming, Yunnan. (Upper picture)

On 24 May, Vice Premier Liu Yandong of the State Council met with Deputy Prime Minister and Minister of Education Demeke Mekonnen (left) of the Federal Democratic Republic of Ethiopia at Ziguangge, Zhongnanhai, Beijing. (Lower picture)

Le 5 juin, le Vice-Premier Ministre du Conseil des Affaires d'État Ma Kai rencontre, à Kunming, au Yunnan, le Vice-Président de la République démocratique fédérale du Népal Parmanand Jha (à gauche). (Photo en haut)

Le 24 mai, le Vice-Premier Ministre du Conseil des Affaires d'État Liu Yandong rencontre, au Pavillon Ziguangge à Zhongnanhai, à Beijing, le Vice-Premier Ministre et Ministre de l'Éducation éthiopien Demeke Mekonnen (à gauche). (Photo en bas)

5月26日，中共中央政治局委员、天津市委书记孙春兰在天津会见乌拉圭东岸共和国总统何塞·阿尔韦托·穆希卡·科尔达诺（左）。

On 26 May, Sun Chunlan, member of the Political Bureau of the CPC Central Committee and Secretary of the CPC Tianjin Municipal Committee, met with President José Alberto Mujica Cordano (left) of the Oriental Republic of Uruguay in Tianjin.

Le 26 mai, Mme Sun Chunlan, membre du Bureau politique du CC du PCC et Secrétaire du Comité du PCC pour la municipalité de Tianjin, rencontre, à Tianjin, le Président de la République orientale de l'Uruguay José Alberto Mujica Cordano (à gauche).

6月27日，国家副主席李源潮在北京钓鱼台国宾馆会见塞拉利昂共和国总统欧内斯特·巴伊·科罗马（右）。

On 27 June, Vice President Li Yuanchao met with President Ernest Bai Koroma (right) of the Republic of Sierra Leone at the Diaoyutai State Guesthouse, Beijing.

Le 27 juin, le Vice-Président Li Yuanchao rencontre, à la Résidence des Hôtes d'État Diaoyutai à Beijing, le Président de la République de Sierra Leone Ernest Bai Koroma (à droite).

11月7日，国务院副总理汪洋在广东广州会见密克罗尼西亚联邦总统伊曼纽尔·莫里（左）。

On 7 November, Vice Premier Wang Yang of the State Council met with President Emanuel Mori (left) of the Federated States of Micronesia in Guangzhou, Guangdong.

Le 7 novembre, le Vice-Premier Ministre du Conseil des Affaires d'État Wang Yang rencontre, à Guangzhou, au Guangdong, le Président des États fédérés de Micronésie Emanuel Mori (à gauche).

10月25日，国务委员兼国务院秘书长杨晶在北京中南海紫光阁会见古巴国务委员会执行秘书奥梅罗·阿科斯塔·阿尔瓦雷斯（左）。

On 25 October, State Councilor and Secretary-General of the State Council Yang Jing met with Secretary of the Council of State Homero Acosta Álvarez (left) of the Republic of Cuba at Ziguangge, Zhongnanhai, Beijing.

Le 25 octobre, le Conseiller d'État et Secrétaire général du Conseil des Affaires d'État Yang Jing rencontre, au Ziguangge à Zhongnanhai à Beijing, le Secrétaire du Conseil d'État de Cuba Homero Acosta Álvarez (à gauche).

7月10日，中国国家主席习近平特别代表国务院副总理汪洋（左二）和国务委员杨洁篪（右二）在美国华盛顿出席第五轮中美战略与经济对话开幕式时，与美国副总统拜登（中），美国总统奥巴马特别代表国务卿约翰·克里（右一）和财政部长雅各布·卢（左一）合影。

On 10 July, Chinese President Xi Jinping's Special Representatives Vice Premier of the State Council Wang Yang (second from left) and State Councilor Yang Jiechi (second from right) took a group photo with US Vice President Joseph Biden (middle) and US President Barack Obama's Special Representatives Secretary of State John Kerry (first from right) and Secretary of the Treasury Jacob Lew (first from left) while attending the opening ceremony of the fifth China-US Strategic and Economic Dialogue in Washington D.C., the United States.

Le 10 juillet, à Washington aux États-Unis, le Représentant spécial du Président chinois Xi Jinping et Vice-Premier Ministre du Conseil des Affaires d'État Wang Yang (2e à gauche) et le Conseiller d'État Yang Jiechi (2e à droite) posent en photo de famille avec le Vice-Président américain Joseph Biden Jr. (au milieu), le Représentant spécial du Président américain Barack Obama et Secrétaire d'État John Kerry (1er à droite) et le Secrétaire au Trésor Jacob Lew (1er à gauche) lors de la cérémonie d'ouverture du 5e tour du Dialogue stratégique et économique sino-américain.

8月15日，国务委员杨洁篪（前左五）在莫斯科与俄罗斯联邦安全会议秘书尼古拉·帕特鲁舍夫（右四）举行中俄第九轮战略安全磋商。

On 15 August, State Councilor Yang Jiechi (fifth from left in the front) and Secretary of the Security Council of the Russian Federation Nikolai Patrushev (fourth from right) held the 9th round of China-Russia Strategic Security Consultation in Moscow.

Le 15 août, le Conseiller d'État Yang Jiechi (1er plan, 5e à gauche) copréside avec le Secrétaire du Conseil de Sécurité de la Fédération de Russie Nikolai Patrushev (4e à droite) le 9e tour des Consultations stratégiques et sécuritaires sino-russes à Moscou.

6月28日，中印边界问题中方特别代表、国务委员杨洁篪（右二）在北京与印方特别代表、印度国家安全顾问梅农（左二）举行中印边界问题特别代表第16次会晤。（上图）

12月6日，外交部长王毅在北京与澳大利亚外交部长朱莉·毕晓普（左）共同主持首轮中澳外交与战略对话。（下图）

On 28 June, the Chinese Special Representative on China-India Boundary Question and State Councilor Yang Jiechi (second from right) and the Indian Special Representative and National Security Advisor Shivshankar Menon (second from left) held the 16th Special Representatives' Meeting on China-India Boundary Question in Beijing. (Upper picture)

On 6 December, Foreign Minister Wang Yi and Australian Minister for Foreign Affairs Julie Bishop (left) co-chaired the first round of China-Australia Foreign and Strategic Dialogue in Beijing. (Lower picture)

Le 28 juin, à Beijing, le Représentant spécial chinois pour la question frontalière sino-indienne et Conseiller d'État Yang Jiechi (2e à droite) copréside avec le Représentant spécial indien et Conseiller à la sécurité nationale Shivshankar Menon (2e à gauche) la 16e rencontre entre les représentants spéciaux chinois et indien sur la question frontalière entre les deux pays. (Photo en haut)

Le 6 décembre, le Ministre des Affaires étrangères Wang Yi copréside à Beijing avec la Ministre australienne des Affaires étrangères Julie Bishop (à gauche) le premier tour du Dialogue diplomatique et stratégique Chine-Australie. (Photo en bas)

第二部分

新理念 新倡议

二零一三年，中国外交在保持稳定性、连续性的基础上，积极探索，勇于创新，提出了一系列新理念、新倡议。

这一年，『中国梦』作为和平之梦、发展之梦、合作之梦在世界唱响，『中国梦让世界更美好』得到广泛认同。中美两国元首就构建不冲突不对抗、相互尊重、合作共赢的中美新型大国关系达成重要共识。中国坚定奉行亲、诚、惠、容的周边外交理念，提出建设丝绸之路经济带、21世纪海上丝绸之路等重大合作倡议，开创了周边睦邻友好与互利合作的新局面。中国坚持正确义利观，同发展中国家关系的基础更加稳固，合作更加深入。

贰

Part 2
New Ideas, New Initiatives

In 2013, while maintaining the consistency and continuity of its diplomatic agenda, China, through active explorations in an innovative spirit, put forth a number of new concepts and initiatives.

It was a year in which the Chinese dream, a dream for peace, development and cooperation, received positive response across the world. It is widely recognized that the Chinese dream will make for a better world. The Chinese and US presidents reached important agreement on building a new model of major-country relations featuring no conflict or confrontation, mutual respect and win-win cooperation. China firmly upheld the principles of amity, sincerity, mutual benefit and inclusiveness in its neighbourhood diplomacy, and proposed such major cooperation initiatives as the Silk Road Economic Belt and the 21st century Maritime Silk Road, thus opening up a new phase of good-neighbourliness, friendship and win-win cooperation with its surrounding countries. Following an approach of upholding justice while pursuing shared interests, China strengthened the foundation of its relations and deepened its cooperation with other developing countries.

Partie 2

Nouvelles idées, nouvelles initiatives

En 2013, la diplomatie chinoise, sur la base de la stabilité et de la continuité, a affiché un grand dynamisme et avancé une série de nouvelles idées et initiatives dans un esprit novateur.

Durant l'année écoulée, le rêve chinois a trouvé une résonance internationale. C'est le rêve de la paix, du développement et de la coopération, qui, de l'avis général, rendra le monde meilleur. Les chefs d'État chinois et américain sont parvenus au consensus important sur la construction entre la Chine et les États-Unis d'un nouveau modèle de relations entre grands pays caractérisé par le non-conflit et la non-confrontation, le respect mutuel, et la coopération gagnant-gagnant. Attachée fermement aux principes de l'amitié, de la sincérité, du bénéfice mutuel et de l'inclusivité dans sa diplomatie de voisinage, la Chine a avancé d'importantes initiatives de coopération, dont la construction de la Ceinture économique de la Route de la Soie et de la Route de la Soie maritime du 21e siècle, ouvrant de nouvelles perspectives pour le bon voisinage et la coopération mutuellement bénéfique avec les pays de la région. La Chine s'en tient à la juste conception de la justice et des intérêts en vue de consolider la base de ses relations avec les autres pays en développement et d'approfondir leur coopération.

2013年，国家主席习近平在出访和接待外国来宾时，向各国领导人和公众深入阐述中国梦的丰富内涵。

3月23日，习近平主席在莫斯科国际关系学院发表演讲。这是习近平主席首次在国外介绍中国梦。

In 2013, during his trips abroad and meetings with visiting foreign guests at home, President Xi Jinping elaborated to leaders and people of foreign countries on the important thinking of the Chinese dream.

On 23 March, President Xi Jinping delivered a speech at the Moscow State Institute of International Relations. This was the first time for President Xi to expound on the Chinese dream to foreign audience.

En 2013, lors de ses déplacements à l'étranger et de ses rencontres avec les hôtes étrangers venus en Chine, le Président Xi Jinping a présenté de manière approfondie le riche contenu du rêve chinois aux dirigeants et au public étrangers.

Le 23 mars, le Président Xi Jinping prononce un discours à l'Institut d'État des relations internationales de Moscou. C'est la première fois qu'il parle du rêve chinois à l'étranger.

Follow The National Interes

THE NATIONAL INTEREST

SECURITY | SOCIETY | ECONOMICS | POLITICS | GLOBAL GOVERNANCE | REGIONS | MAGAZINE | ARTICLES | BLOGS

BREAKING NEWS:

Implementing the Chinese Dream

| More

Since the conclusion of the 18th National Congress of the Communist Party of China (CPC) last year and the end of the annual sessions of the National People's Congress (NPC) and the National Committee of the Chinese People's Political Consultative Conference (CPPCC) earlier this year, the Party Central Committee with President Xi Jinping as General Secretary has, in light of new conditions and new tasks, focused on

9月10日，美国《国家利益》杂志在其网站刊登国务委员杨洁篪撰写的《实践中国梦》署名文章。

On 10 September, a bylined article entitled *Implementing the Chinese Dream* by State Councilor Yang Jiechi was published on the website of *The National Interest*.

Le 10 septembre, la revue américaine *The National Interest* publie sur son site web une tribune du Conseiller d'État Yang Jiechi *Implementing the Chinese Dream*.

12月7日，"中国梦的世界对话"国际研讨会在上海举行，国务院新闻办公室主任蔡名照出席会议并致辞。

On 7 December, the symposium "International Dialogue on the Chinese Dream" was held in Shanghai. Minister of the State Council Information Office Cai Mingzhao attended and addressed the meeting.

Le 7 décembre, le Dialogue international sur le rêve chinois se tient à Shanghai. Le Chef du Bureau de l'Information du Conseil des Affaires d'État Cai Mingzhao y participe et prononce une allocution.

7月3日，“中国梦”欧洲高峰论坛在荷兰王国乌得勒支举行，中国驻荷兰大使陈旭（左一）到会并致辞。

On 3 July, the European High-level Forum on the Chinese Dream was held in Utrecht of the Kingdom of the Netherlands. Chinese Ambassador to the Netherlands Chen Xu (first from left) attended and addressed the forum.

Le 3 juillet, le Forum européen de haut niveau sur le rêve chinois a lieu à Utrecht, au Royaume des Pays-Bas. L'Ambassadeur de Chine aux Pays-Bas Chen Xu (1er à gauche) y participe et prononce une allocution.

10月26日，中国驻南非共和国大使馆在2013年使团节上推出以“中国梦：和平之梦、发展之梦、人民之梦”为主题的梦想墙。图为现场观众踊跃参观梦想墙，并以梦想卡的形式一起分享梦想，祝福未来。

On 26 October, the Chinese Embassy in the Republic of South Africa launched the themed wall entitled “Chinese Dream: Dream for Peace, Dream for Development, Dream for People” during the Annual Diplomatic Fair 2013. The picture shows local people visiting the wall with great enthusiasm and sharing their best wishes for the future by posting dream cards on the wall.

Le 26 octobre, à la Foire diplomatique annuelle, l'Ambassade de Chine en République sud-africaine met en place un panneau ayant pour thème « le rêve chinois : un rêve de la paix, du développement et de tous », qui attire un grand nombre de visiteurs. Par des cartes de vœux, ils expriment leurs rêves pour un meilleur avenir.

6月27日至7月2日，《人民日报》刊发"中国梦让世界更美好"系列谈文章四篇，全面阐述中国梦对实现世界持久和平、共同繁荣的重要意义。

From 27 June to 2 July, *People's Daily* published four articles in a series under the theme "Chinese Dream Will Make for a Better World", elaborating on the importance of the Chinese dream to a world of durable peace and common prosperity.

Du 27 juin au 2 juillet, le *Quotidien du Peuple* ouvre une tribune « Le rêve chinois rendra le monde meilleur », avec la publication de quatre articles qui présentent de manière globale l'importance du rêve chinois pour l'avènement d'un monde de paix durable et de prospérité commune.

"中国梦的实现必将对联合国及国际社会产生深远和积极影响。"
——联合国秘书长潘基文

"The realization of the Chinese Dream will have a positive effect on the UN and the international community."
—UN Secretary-General Ban Ki-moon

« La réalisation du rêve chinois aura des effets positifs sur les Nations Unies et la communauté internationale. »
—Secrétaire général des Nations Unies Ban Ki-moon

"中国实现中国梦将使包括芬兰在内的世界各国受益良多。"
——芬兰共和国总统尼尼斯托

"China's efforts to realize the Chinese dream will benefit countries throughout the world, including Finland."
—President of the Republic of Finland Sauli Niinisto

« Les efforts de la Chine pour réaliser le rêve chinois bénéficieront à tous les pays du monde, y compris la Finlande. »
—Président de la République de Finlande Sauli Niinisto

"我们的很多想法不谋而合。实现中国人民的梦想，与印度人民的梦想不会冲突。"
——印度共和国总理辛格

"We see eye to eye on many issues. The Chinese dream does not clash with the Indian dream."
—Prime Minister of the Republic of India Manmohan Singh

« Nous nous entendons parfaitement sur beaucoup de sujets. La réalisation du rêve chinois n'entre pas en conflit avec le rêve indien. »
—Premier Ministre de la République de l'Inde Manmohan Singh

"印尼和中国有相似的梦想，也在寻求国家富强、人民幸福，我们两国是'异床同梦'。"
——印度尼西亚共和国总统苏希洛

"Indonesia and China have similar dreams. We are also working for national strength and prosperity and people's well-being. For our two countries, it is same dream, different beds."
—President of the Republic of Indonesia Susilo Bambang Yudhoyono

« L'Indonésie et la Chine ont des rêves similaires. Nous sommes également à la recherche de la prospérité du pays et du bonheur du peuple. Pour nos deux pays, c'est le même rêve, mais sur les lits différents. »
—Président de la République d'Indonésie Susilo Bambang Yudhoyono

"韩国和中国正朝着'国民幸福'、'人民幸福'这一目标携手并进，中国梦与韩国梦是结为一体的。韩国与中国共同分享的梦将是美好的，韩国与中国和谐相处，一定会有光明的未来。"
——大韩民国总统朴槿惠

"The ROK and China are jointly marching toward their respective goal of 'Kuk Min Hsing Bok' (Happiness of the People). The Chinese dream and the ROK dream fit in well with each other. Our shared dream is an inspiring vision. Our harmonious coexistence will surely bring about a bright future."
—President of the Republic of Korea Park Geun-hye

« La République de Corée et la Chine avancent la main dans la main vers la réalisation du bonheur de leurs peuples. Le rêve chinois et le rêve coréen sont étroitement liés. Le rêve que nous partageons est merveilleux. La coexistence harmonieuse entre nos deux pays rendra l'avenir plus brillant. »
—Présidente de la République de Corée Park Geun-hye

"中国梦是个伟大愿景，包含增进社会福祉和加速经济增长的内涵，将给中国人民带来巨大实惠。而中国梦实现的过程不仅将惠及13亿中国人民，也将使巴基斯坦和世界各国受益。"
——巴基斯坦伊斯兰共和国总统扎尔达里

"The Chinese dream is a great idea. The idea encompasses greater promotion of social welfare and rapid economic growth which would reap enormous benefits for the Chinese people. The realization of the Chinese dream will deliver gains to not only the 1.3 billion Chinese people, but also Pakistan and other countries in the world."
—President of the Islamic Republic of Pakistan Asif Ali Zardari

« Le rêve chinois est une idée excellente comprenant la promotion du bien-être social et l'accélération de la croissance économique, ce qui apportera d'énormes bénéfices au peuple chinois. La réalisation du rêve chinois profitera non seulement à 1,3 milliard de Chinois, mais aussi au Pakistan et aux autres pays du monde. »
—Président de la République islamique du Pakistan Asif Ali Zardari

6月7日，国家主席习近平（右一）在美国加利福尼亚州安纳伯格庄园同美国总统奥巴马（左一）举行中美元首会晤。双方同意，共同努力构建不冲突不对抗、相互尊重、合作共赢的中美新型大国关系，造福两国和世界人民。

On 7 June, President Xi Jinping (first from right) met with US President Barack Obama (first from left) at the Annenberg Estate in California, the United States. The two presidents agreed to jointly build a new model of major-country relations between China and the United States featuring no conflict or confrontation, mutual respect and win-win cooperation to bring benefits to peoples of the two countries and beyond.

Le 7 juin, le Président Xi Jinping (1er à droite) rencontre le Président américain Barack Obama (1er à gauche) à Annenberg Retreat, en Californie, aux États-Unis. Les deux parties conviennent de construire entre la Chine et les États-Unis un nouveau modèle de relations entre grands pays marqué par le non-conflit et la non-confrontation, le respect mutuel, et la coopération gagnant-gagnant, au grand bénéfice des deux peuples et des autres peuples du monde.

6月7日，习近平主席（左）与奥巴马总统在会晤前共同走向媒体区。

On 7 June, President Xi Jinping (left) and President Obama walked together to the press area before their meeting.

Le 7 juin, le Président Xi Jinping (à gauche) et le Président Barack Obama vont à la rencontre de la presse avant leur entretien.

11月18日，习近平主席在北京会见美国前总统比尔·克林顿（左）。克林顿表示，美中两国应该加强合作，共同应对各种全球性挑战，为两国人民创造美好未来。

On 18 November, President Xi Jinping met with former US President Bill Clinton (left) in Beijing. Clinton said that the United States and China should enhance cooperation to jointly meet various global challenges and create a better future for the two peoples.

Le 18 novembre, le Président Xi Jinping rencontre à Beijing l'ancien Président américain Bill Clinton (à gauche). Selon Bill Clinton, les États-Unis et la Chine doivent renforcer leur coopération pour relever ensemble les différents défis planétaires et créer un meilleur avenir pour les deux peuples.

11月21日，国务院副总理刘延东（左一）在美国华盛顿主持第四轮中美人文交流高层磋商并致辞。（上图）

12月20日，第二十四届中美商贸联委会会议在北京举行。国务院副总理汪洋（右五）与美国商务部长普利兹克（左五）、贸易代表弗罗曼（左六）共同主持会议。（下图）

On 21 November, Vice Premier Liu Yandong (first from left) of the State Council chaired and addressed the Fourth Round of China-U.S. High-Level Consultation on People-to-People Exchange in Washington, D.C., the United States. (Upper picture)

On 20 December, the 24th Meeting of China-US Joint Commission on Commerce and Trade was held in Beijing. Vice Premier Wang Yang (fifth from right) of the State Council chaired the meeting with US Commerce Secretary Penny Pritzker (fifth from left) and US Trade Representative Michael Froman (sixth from left). (Lower picture)

Le 21 novembre, le Vice-Premier Ministre du Conseil des Affaires d'État Liu Yandong (1ère à gauche) préside à Washington les 4e Consultations de haut niveau sino-américaines sur les échanges humains et y prononce une allocution. (Photo en haut)

Le 20 décembre, la 24e session de la Commission conjointe sino-américaine sur le Commerce se tient à Beijing. Le Vice-Premier Ministre du Conseil des Affaires d'État Wang Yang (5e à droite), la Secrétaire au Commerce des États-Unis Penny Pritzker (5e à gauche) et le Représentant américain au commerce Michael Froman (6e à gauche) président ensemble la réunion. (Photo en bas)

7月11日，国家主席习近平特别代表、国务委员杨洁篪（右一）在美国华盛顿中美绿色合作伙伴计划签字仪式上致辞。

On 11 July, State Councilor Yang Jiechi (first from right), as Special Representative of President Xi Jinping, addressed the signing ceremony of China-US Eco-Partnerships Program in Washington, D.C., the United States.

Le 11 juillet, le Conseiller d'État Yang Jiechi (1er à droite), Représentant spécial du Président Xi Jinping, prononce une allocution lors de la cérémonie de signature du programme Éco-partenariat Chine-États-Unis à Washington.

9月6日至8日，中国海军舰艇编队访问美国夏威夷珍珠港。此次访问是中美两军落实两国元首构建中美新型大国关系共识、加强沟通、增进互信的实际举措。

From 6 to 8 September, a Chinese naval fleet visited the Pearl Harbor in Hawaii, the United States. The visit represented a concrete step taken by the two militaries to implement the two presidents' agreement on building a new model of major-country relations and to increase communication and mutual trust.

Du 6 au 8 septembre, une flotte de la Marine chinoise visite Pearl Harbor, à Hawaï. Cette visite s'inscrit dans les efforts concrets des armées chinoise et américaine pour mettre en œuvre le consensus des deux chefs d'État de construire un nouveau modèle de relations entre grands pays, renforcer les échanges et accroître la confiance mutuelle.

亲、诚、惠、容的周边外交理念

10月24日，国家主席习近平在周边外交工作座谈会上发表重要讲话。习近平主席指出，中国周边外交的基本方针，就是坚持与邻为善、以邻为伴，坚持睦邻、安邻、富邻，突出体现亲、诚、惠、容的理念。

On 24 October, President Xi Jinping delivered an important speech at the conference on neighborhood diplomacy. President Xi Jinping pointed out that the basic principles guiding China's neighborhood diplomacy are as follows: building friendship and partnership with its neighbors; fostering an amicable, secure and prosperous neighborhood; and highlighting the ideas of amity, sincerity, mutual benefit and inclusiveness.

Le 24 octobre, le Président Xi Jinping prononce un discours important à la réunion sur la diplomatie de voisinage. Il souligne que la diplomatie de voisinage de la Chine est guidée par la politique d'amitié et de partenariat et la recherche de la bonne entente, de la paix et de la prospérité, dans le respect du principe de l'amitié, de la sincérité, du bénéfice mutuel et de l'inclusivité.

10月31日，中共中央政治局委员、广东省委书记胡春华（右）在广东广州会见泰王国公主玛哈·扎克里·诗琳通（中）。诗琳通公主现场题赠“泰中一家”，以体现中泰两国的亲密友好关系。（上图）

9月14日至15日，落实《南海各方行为宣言》第六次高官会和第九次联合工作组会议在江苏苏州举行。各方就进一步全面有效落实《宣言》、加强海上务实合作深入坦诚交换了意见。（下图）

On 31 October, Hu Chunhua (right), Member of the Political Bureau of the CPC Central Committee and Secretary of the CPC Guangdong Provincial Committee, met with H.R.H Princess Maha Chakri Sirindhorn (middle) of the Kingdom of Thailand in Guangzhou, Guangdong. Princess Sirindhorn wrote and presented a calligraphy work “Tai Zhong Yi Jia” (Thailand and China are one family) to show the close friendship between the two countries. (Upper picture)

From 14 to 15 September, the 6th Senior Officials' Meeting and the 9th Joint Working Group Meeting on the Implementation of the *Declaration on Conduct of Parties in the South China Sea* (DOC) was held in Suzhou, Jiangsu. The participants conducted an in-depth and candid exchange of views on making further efforts to fully and effectively implement the DOC and enhancing practical maritime cooperation. (Lower picture)

Le 31 octobre, M. Hu Chunhua (à droite), membre du Bureau politique du CC du PCC et Secrétaire du Comité du PCC pour la province du Guangdong, rencontre à Guangzhou, au Guangdong, Son Altesse Royale la Princesse Maha Chakri Sirindhorn (au milieu) de Thaïlande. La Princesse fait une calligraphie « Tai Zhong Yi Jia » (la Thaïlande et la Chine sont d'une même famille) pour démontrer l'amitié profonde entre les deux pays. (Photo en haut)

Les 14 et 15 septembre, la 6e réunion de hauts fonctionnaires et la 9e réunion du groupe de travail conjoint sur la mise en œuvre de la *Déclaration sur la conduite des Parties en Mer de Chine méridionale* (DOC) se tiennent à Suzhou, dans la province du Jiangsu. Les participants procèdent à des échanges de vues approfondis et francs sur la promotion d'une mise en œuvre intégrale et effective de la DOC et le renforcement de la coopération pragmatique en mer. (Photo en bas)

6月25日，国务委员杨洁篪（右）与尼泊尔联邦民主共和国代总统贾阿在尼泊尔加德满都共同出席中国援助的加德满都内环路改造项目开工典礼。尼方真诚感谢中国政府和人民多年来对尼泊尔政府和人民的无私帮助。（上图）

4月2日，第19次中国—东盟高官磋商在北京举行。外交部副部长张业遂（左六）出席。中国一向支持东盟在地区合作中发挥主导作用，展示了中国开放包容、求同存异的胸怀。（下图）

On 25 June, State Councilor Yang Jiechi (right) and Acting President Parmanand Jha of the Federal Democratic Republic of Nepal attended the opening ceremony of the China-assisted ring-road expansion project in Kathmandu, Nepal. The Nepalese side expressed sincere appreciation to the Chinese government and people for their long-time, selfless assistance to the Nepalese government and people. (Upper picture)

On 2 April, the 19th ASEAN-China Senior Officials' Consultation was held in Beijing. Executive Vice Foreign Minister Zhang Yesui (sixth from left) attended the meeting. China supports ASEAN in spearheading regional cooperation, which shows China's openness, inclusiveness and commitment to seeking common ground while shelving differences. (Lower picture)

Le 25 juin, le Conseiller d'État Yang Jiechi (à droite) et le Président par intérim de la République démocratique fédérale du Népal Paramanand Jha participent à Katmandou, capitale du Népal, à la cérémonie de mise en chantier du projet d'aménagement du périphérique intérieur financé par la Chine. La partie népalaise exprime ses sincères remerciements au gouvernement et au peuple chinois pour l'aide désintéressée qu'ils ont accordée au gouvernement et au peuple népalais depuis de longues années. (Photo en haut)

Le 2 avril, la 19e session de Consultations de hauts fonctionnaires Chine-ASEAN se tient à Beijing. Le Vice-Ministre des Affaires étrangères Zhang Yesui (6e à gauche) y participe. La Chine soutient depuis toujours l'ASEAN dans ses efforts de jouer un rôle pilote dans la coopération régionale, ce qui démontre l'esprit ouvert et inclusif de la Chine ainsi que son engagement à rechercher le terrain d'entente par-delà les divergences. (Photo en bas)

9月7日，国家主席习近平在哈萨克斯坦共和国纳扎尔巴耶夫大学发表题为《弘扬人民友谊，共创美好未来》的重要演讲，提出共同建设“丝绸之路经济带”的重要倡议。

On 7 September, President Xi Jinping delivered an important speech entitled *Promote People-to-People Friendship and Create a Better Future* at Nazarbayev University of the Republic of Kazakhstan, in which he put forth the important initiative of jointly building the Silk Road Economic Belt.

Le 7 septembre, le Président Xi Jinping prononce, à l'Université Nazarbaev de la République du Kazakhstan, un discours important intitulé *Promouvoir l'amitié entre nos peuples et créer ensemble un avenir brillant*, et avance l'initiative importante de construire ensemble la « Ceinture économique de la Route de la Soie ».

亲、诚、惠、容的周边外交理念

11月28日，丝绸之路经济带城市合作发展论坛在新疆乌鲁木齐开幕。（上图）

11月28日，由陕西西安开往哈萨克斯坦阿拉木图的首趟国际货运班列正式开行。班列的开通对加快“丝绸之路经济带”建设将起到积极推动作用。（下图）

On 28 November, the Silk Road Economic Belt Cities Cooperation and Development Forum was inaugurated in Urumqi, Xinjiang. (Upper picture)

On 28 November, the first international freight train from Xi'an, Shaanxi, to Almaty, Kazakhstan came into service. The operation will help expedite the building of the Silk Road Economic Belt. (Lower picture)

Le 28 novembre, le Forum sur la coopération et le développement des villes riveraines de la « Ceinture économique de la Route de la Soie » s'ouvre à Urumqi, au Xinjiang. (Photo en haut)

Le 28 novembre, le premier train de fret international partant de Xi'an, au Shaanxi, à destination d'Almaty, au Kazakhstan, est mis en service, ce qui contribue activement à l'accélération de la construction de la « Ceinture économique de la Route de la Soie ». (Photo en bas)

10月3日，国家主席习近平（左）在印度尼西亚国会发表题为《携手建设中国—东盟命运共同体》的重要演讲，提出共同建设“21世纪海上丝绸之路”的重要倡议。

On 3 October, President Xi Jinping (left) delivered an important speech entitled *Work Together to Build a China-ASEAN Community of Shared Destiny*, in which he put forth the important initiative of jointly building the 21st Century Maritime Silk Road at the People's Representative Council of Indonesia.

Le 3 octobre, le Président Xi Jinping (à gauche) prononce, au Conseil représentatif du peuple d'Indonésie, un discours important intitulé *Travailler la main dans la main pour construire une communauté de destin Chine-ASEAN*, dans lequel il avance l'initiative importante de construire ensemble la « Route de la Soie maritime du 21e siècle ».

1 9月3日，中国—东盟港口城市合作网络论坛在广西南宁举行。论坛主题为“加强中国—东盟海上互联互通，建设港口城市合作网络”。

2 12月19日，孟中印缅经济走廊联合工作组第一次会议在云南昆明闭幕。图为四国代表签署孟中印缅经济走廊联合研究计划。

3 8月28日，巴基斯坦总理纳瓦兹·谢里夫（右三）在伊斯兰堡会见中巴经济走廊联合合作委员会中方代表团。

1 On 3 September, the China-ASEAN Port Cities Cooperation Networks Forum was held in Nanning, Guangxi. The theme of the Forum was “Enhance China-ASEAN Maritime Connectivity, Build Port Cities Cooperation Networks”.

2 On 19 December, the 1st Study Group Meeting of Bangladesh-China-India-Myanmar (BCIM) Economic Corridor concluded in Kunming, Yunnan. The picture shows the representatives of the four countries signing the joint study plan for the BCIM Economic Corridor.

3 On 28 August, Prime Minister of Pakistan Nawaz Sharif (third from right) met with the Chinese delegation of the Joint Cooperation Committee for China-Pakistan Economic Corridor in Islamabad.

1 Le 3 septembre, le Forum Chine-ASEAN sur le réseau de coopération entre villes portuaires se tient à Nanning, au Guangxi, ayant pour thème « Renforcer l’interconnectivité maritime Chine-ASEAN et construire le réseau de coopération entre villes portuaires ».

2 Le 19 décembre, la première réunion du groupe de travail conjoint pour le Corridor économique Bangladesh-Chine-Inde-Myanmar (BCIM) se clôture à Kunming, dans la province du Yunnan. Sur la photo, les représentants des quatre pays signent le plan des études conjointes du Corridor économique BCIM.

3 Le 28 août, le Premier Ministre du Pakistan Nawaz Sharif (3e à droite) rencontre à Islamabad la délégation chinoise de la Commission de coopération conjointe pour le Corridor économique Chine-Pakistan.

2013年，国家主席习近平在一系列重要外交活动中多次强调，在同发展中国家和周边国家发展关系时，要树立正确的义利观，政治上坚持正义、秉持公道、道义为先，经济上坚持互利共赢、共同发展。

3月25日，习近平主席在坦桑尼亚达累斯萨拉姆尼雷尔国际会议中心发表演讲，全面阐述了新时期中非共谋和平、同促发展的政策主张，强调中国“真”、“实”、“亲”、“诚”对待非洲。

In 2013, on various important diplomatic occasions, President Xi Jinping stressed the importance of striking a balance between upholding justice and pursuing interests in growing relations with other developing countries and neighbors. He said that politically, we should uphold justice and fairness as a guiding principle, and economically, we should pursue mutual benefit and common development.

On 25 March, President Xi Jinping delivered a speech at the Julius Nyerere International Convention Centre in Dar es Salaam, the United Republic of Tanzania. He elaborated on China's policy of seeking peace and promoting development with Africa in the new era and made a commitment to developing relations with African countries under the principles of sincerity, real results, affinity and good faith.

En 2013, le Président Xi Jinping a souligné, lors de différentes activités diplomatiques importantes, que dans le développement des relations avec les autres pays en développement et les pays voisins, il fallait garder à l'esprit la juste conception de la justice et des intérêts, à savoir défendre l'équité et placer la justice au-dessus de tout sur le plan politique et poursuivre le bénéfice mutuel et le développement partagé sur le plan économique.

Le 25 mars, le Président Xi Jinping prononce un discours au Centre de conférences international Julius Nyerere à Dar es Salam, en Tanzanie, dans lequel il présente de manière globale la position chinoise de promouvoir ensemble avec l'Afrique la paix et le développement dans le nouveau contexte, et souligne les principes chinois de sincérité, de pragmatisme, d'amitié et de franchise à l'égard de l'Afrique.

正确义利观

3月25日，习近平主席在坦桑尼亚达累斯萨拉姆尼雷尔国际会议中心发表演讲。在场听众报以热烈掌声。

On 25 March, President Xi Jinping delivered a speech at the Julius Nyerere International Convention Centre in Dar es Salaam, the United Republic of Tanzania. His speech received big rounds of applause from the audience.

Le 25 mars, le Président Xi Jinping prononce au Centre de conférences international Julius Nyerere, à Dar es Salam, en Tanzanie, un discours qui soulève de chaleureux applaudissements de l'audience.

3月30日，国家主席习近平（前左二）同刚果共和国总统萨苏（前右一）在布拉柴维尔出席中刚友好医院竣工剪彩仪式。

On 30 March, President Xi Jinping (second from left in the front) and President of the Republic of Congo Denis Sassou N'guesso (first from right in the front) attended the ribbon-cutting ceremony for the completion of the China-Congo Friendship Hospital in Brazzaville.

Le 30 mars, le Président Xi Jinping (1er plan, 2e à gauche) et le Président de la République du Congo Denis Sassou-N'guesso (1er plan, 1er à droite) coupent le ruban à l'occasion de l'inauguration de l'Hôpital de l'Amitié sino-congolaise à Brazzaville.

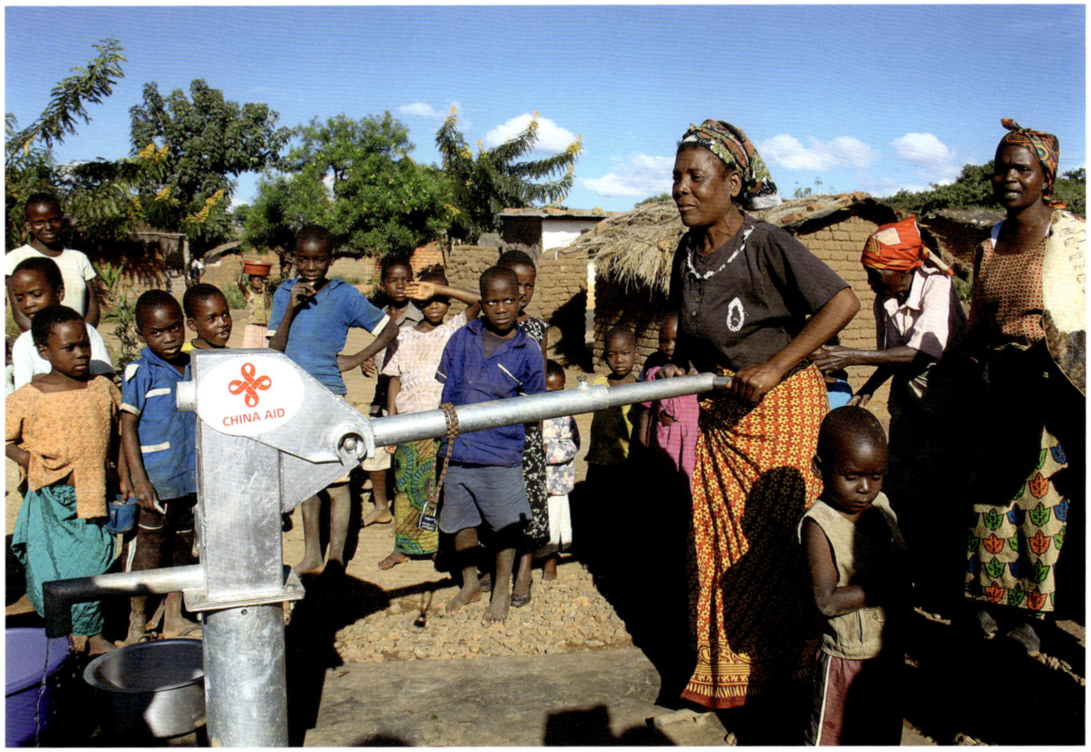

4月19日，中国援建的马拉维打井项目施工完成，解决了当地居民的饮水问题。

On 19 April, the well-digging project built with Chinese assistance in the Republic of Malawi was completed, bringing local people access to drinking water.

Le 19 avril, le projet de forage de puits au Malawi financé par la Chine est achevé, permettant à la population locale d'avoir accès à l'eau potable.

11月11日，中国公司承建的乌干达共和国东北部卡拉莫贾地区第一条沥青公路项目举行开工仪式。该项目有助于加强这一地区基础设施建设。图为乌干达总统穆塞韦尼（右）在开工仪式上开动工程车辆，启动项目开工。

On 11 November, a groundbreaking ceremony was held for the first asphalt road project in Karamoja, a northeast region in the Republic of Uganda. The project is undertaken by a Chinese company and will help strengthen local infrastructure. The picture shows President of Uganda Yoweri Kaguta Museveni (right) launching the project by starting a construction vehicle during the ceremony.

Le 11 novembre a lieu la cérémonie de mise en chantier de la première route bitumée au Karamoja, dans le Nord-Est de la République de l'Ouganda. Construite par une entreprise chinoise, cette route permet de renforcer les infrastructures de la région. Sur la photo, le Président ougandais Yoweri Kaguta Museveni (à droite) démarre un engin de chantier lors de la cérémonie pour marquer le commencement des travaux.

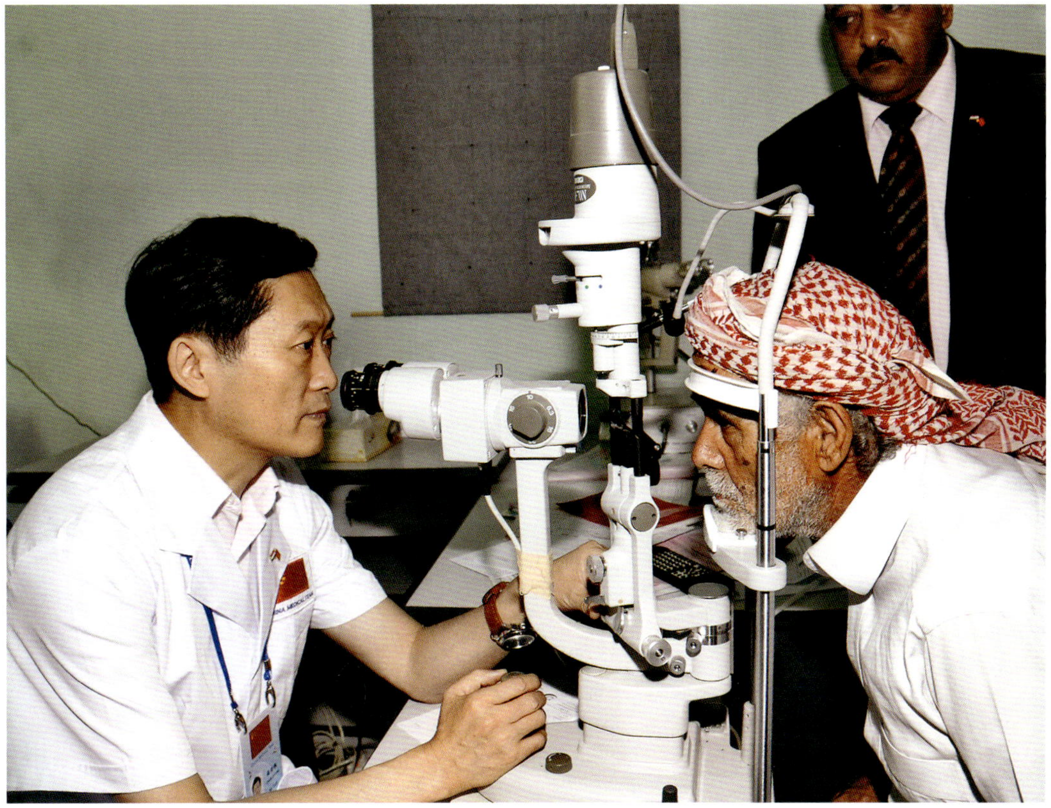

12月19日，中国承建的加纳布维水电站正式竣工。该电站作为加纳第二大水电站，年发电量将达10亿度，有助于缓解该国能源紧缺状况。（左图）

8月17日，中国医疗队在也门开展“中国医疗队也门光明行”活动。图为中国眼科专家在也门萨那为患者检查眼睛。（右图）

On 19 December, the Bui Hydroelectric Station built by a Chinese company was completed in the Republic of Ghana. The station, the second largest in Ghana, will generate one billion kilowatt-hours of electricity per year and help alleviate energy shortage of the country. (Left picture)

On 17 August, the Chinese medical team launched the “Brightness Action” campaign in the Republic of Yemen. The picture shows a Chinese ophthalmologist giving eye examination to a patient in Sana’a, Yemen. (Right picture)

Le 19 décembre, la centrale hydroélectrique Bui au Ghana est mise en service. Construite par la Chine, cette centrale hydroélectrique est la deuxième plus grande au Ghana avec une production annuelle d’un milliard de kWh et aide à remédier à la pénurie d’énergie dans le pays. (Photo à gauche)

Le 17 août, l’équipe médicale chinoise lance l’« Action Lumière » au Yémen. Sur la photo, un ophtalmologue chinois examine un patient à Sanaa, au Yémen. (Photo à droite)

11月3日，由中国企业捐赠的古巴1兆瓦光伏电站正式并网发电。该电站年均发电量为146.6万度，每年可为当地节约标准煤53.5万吨，减少二氧化碳排放1405.9吨。

On 3 November, a one-megawatt photovoltaic power station donated to Cuba by a Chinese company was connected to the utility grid. With an average generation capacity of 1.466 million kilowatt-hours per annum, the station would help cut local annual energy consumption by 535,000 tons of standard coal equivalent, or 1,405.9 tons of CO_2 emissions.

Le 3 novembre, la centrale solaire photovoltaïque d'une puissance d'un mégawatt offerte à Cuba par une entreprise chinoise est mise en service. Avec une production annuelle moyenne de 1,466 million de kWh, cette centrale permet de réduire la consommation d'énergie de 535 000 tonnes équivalent charbon par an pour la région, soit une réduction d'émission de CO_2 de 1 405,9 tonnes.

第三部分

积极发挥负责任大国作用

二零一三年，中国顺应和平、发展、合作的时代潮流，积极参与国际和地区事务，进一步发挥了负责任大国作用。

中国领导人出席二十国集团领导人峰会、金砖国家领导人会晤、上海合作组织峰会、东亚领导人系列会议、中欧领导人会晤、中国—中东欧国家领导人会晤等重大多边活动，为推动与有关国家关系进一步发展、加强多边协调与合作、解决国际和地区热点问题、应对各种全球性挑战贡献中国智慧，发挥中国作用，赢得国际社会普遍赞赏。

Part 3

An Active Role of a Responsible Big Country

In 2013, going along with the trend of the times featuring peace, development and cooperation, China took an active part in regional and international affairs and further fulfilled its role as a responsible big country.

The Chinese leaders attended the G20 Summit, the BRICS Leaders' Meeting, the Meeting of the Council of Heads of Member States of the SCO, the East Asian leaders' meetings, the China-EU Summit, the Meeting between Leaders of China and Central and Eastern European Countries and other important multilateral events. With such engagement, China contributed its wisdom to and played its role in further growing its relations with relevant countries, enhancing multilateral coordination and cooperation, finding solutions to regional and international hotspot issues and addressing various global challenges. China's efforts are widely applauded by the international community.

Partie 3

Rôle actif d'un grand pays responsable

En 2013, répondant au courant de l'époque, celui de la paix, du développement et de la coopération, la Chine a pris part activement aux affaires régionales et internationales et joué un rôle plus important en tant que grand pays responsable.

Les dirigeants chinois ont participé à d'importantes activités multilatérales telles que le Sommet du G20, le Sommet des pays du BRICS, le Sommet de l'Organisation de la Coopération de Shanghai (OCS), les Réunions des dirigeants de l'Asie de l'Est, le Sommet Chine-UE et la Rencontre des dirigeants de la Chine et des pays de l'Europe centrale et orientale, permettant à la Chine d'apporter sa sagesse et de jouer son rôle pour promouvoir ses relations avec les pays concernés, renforcer la coordination et la coopération multilatérales, régler les problèmes d'actualité régionaux et internationaux et relever les multiples défis planétaires, ce qui a été salué par l'ensemble de la communauté internationale.

3月27日，国家主席习近平（左二）在南非德班同出席金砖国家领导人第五次会晤的各国领导人集体合影。

On 27 March, President Xi Jinping (second from left) took a group photo with leaders participating in the fifth BRICS Summit held in Durban, South Africa.

Le 27 mars, le Président Xi Jinping (2e à gauche) pose pour une photo de famille avec les autres dirigeants présents au 5e Sommet des pays du BRICS à Durban, en Afrique du Sud.

3月27日，习近平主席（左五）在南非德班出席金砖国家领导人同非洲国家领导人对话会并同与会领导人集体合影。

On 27 March, President Xi Jinping (fifth from left) attended the BRICS Leaders-Africa Outreach Session Forum in Durban, South Africa and took a group photo with participating leaders.

Le 27 mars, le Président Xi Jinping (5e à gauche) participe à Durban, en Afrique du Sud, au Forum de dialogue BRICS-Afrique et pose pour une photo de famille avec les autres dirigeants.

9月6日，国家主席习近平（前左二）在俄罗斯圣彼得堡同出席二十国集团领导人第八次峰会的各国领导人及有关国际组织负责人集体合影。

On 6 September, President Xi Jinping (second from left in the front) took a group photo with leaders of countries and international organizations participating in the eighth G20 Summit in St. Petersburg, Russia.

Le 6 septembre, le Président Xi Jinping (1er plan, 2e à gauche) pose pour la photo de famille des dirigeants du G20 et d'organisations internationales au 8e Sommet du G20 à Saint-Pétersbourg, en Russie.

10月8日，国家主席习近平（前左五）在印度尼西亚巴厘岛同出席亚太经合组织第21次领导人非正式会议的各国领导人集体合影。

On 8 October, President Xi Jinping (fifth from left in the front) took a group photo with leaders participating in the 21st Economic Leaders' Meeting of the Asia-Pacific Economic Cooperation in Bali, Indonesia.

Le 8 octobre, le Président Xi Jinping (1er plan, 5e à gauche) aux côtés des autres dirigeants participant à la 21e Réunion informelle des dirigeants de l'APEC à Bali, en Indonésie.

9月13日，国家主席习近平（左八）在吉尔吉斯斯坦比什凯克同出席上海合作组织成员国元首理事会第13次会议的各国领导人及有关国际和地区组织代表集体合影。

On 13 September, President Xi Jinping (eighth from left) took a group photo with national leaders and representatives of regional and international organizations participating in the 13th Meeting of the Council of Heads of the SCO Member States in Bishkek, Kyrghyzstan.

Le 13 septembre, le Président Xi Jinping (8e à gauche) aux côtés des autres dirigeants d'État et des représentants d'organisations internationales et régionales participant à la 13e Réunion du Conseil des chefs d'État des pays membres de l'OCS à Bishkek, au Kirghizistan.

11月29日，国务院总理李克强（左七）在乌兹别克斯坦塔什干同出席上海合作组织成员国总理第12次会议的各代表团团长集体合影。

On 29 November, Premier of the State Council Li Keqiang (seventh from left) took a group photo with other heads of delegations attending the 12th Meeting of the Council of the Heads of Government of Member States of the Shanghai Cooperation Organization (SCO) in Tashkent, Uzbekistan.

Le 29 novembre, le Premier Ministre du Conseil des Affaires d'État Li Keqiang (7e à gauche) pose pour la photo de famille avec les chefs de délégation participant à la 12e Réunion du Conseil des chefs de gouvernement des États membres de l'OCS à Tachkent, en Ouzbékistan.

10月9日，国务院总理李克强（左五）在文莱斯里巴加湾同出席第16次中国—东盟（10+1）领导人会议的各国领导人集体合影。

On 9 October, Premier of the State Council Li Keqiang (fifth from left) took a group photo with other leaders attending the 16th ASEAN-China Summit (10+1) in Bandar Seri Begawan, Brunei.

Le 9 octobre, le Premier Ministre du Conseil des Affaires d'État Li Keqiang (5e à gauche) pose pour la photo de famille avec les dirigeants participant au 16e Sommet ASEAN-Chine (10+1) à Bandar Seri Begawan, au Brunéi Darussalam.

重大多边外交活动

10月9日，李克强总理在第16次中国—东盟（10+1）领导人会议上发表讲话。

On 9 October, Premier Li Keqiang made remarks at the 16th ASEAN-China Summit (10+1).

Le 9 octobre, le Premier Ministre Li Keqiang intervient au 16e Sommet ASEAN-Chine (10+1).

10月10日，国务院总理李克强（右六）在文莱斯里巴加湾同出席第16次东盟与中日韩（10+3）领导人会议的各国领导人集体合影。

On 10 October, Premier of the State Council Li Keqiang (sixth from right) took a group photo with other leaders attending the 16th ASEAN Plus Three Summit in Bandar Seri Begawan, Brunei.

Le 10 octobre, le Premier Ministre du Conseil des Affaires d'État Li Keqiang (6e à droite) pose pour une photo de famille avec les autres dirigeants participant au 16e Sommet ASEAN-Chine-Japon-République de Corée (10+3) à Bandar Seri Begawan, au Brunéi Darussalam.

8月29日，外交部长王毅（右六）在北京同出席中国—东盟特别外长会的各国外长及东盟秘书长集体合影。

On 29 August, Foreign Minister Wang Yi (sixth from right) took a group photo with other foreign ministers and the Secretary-General of ASEAN attending the Special ASEAN-China Foreign Ministers' Meeting in Beijing.

Le 29 août, le Ministre des Affaires étrangères Wang Yi (6e à droite) pose pour une photo de famille avec les autres Ministres des Affaires étrangères et le Secrétaire général de l'ASEAN participant à la Réunion spéciale des Ministres des Affaires étrangères Chine-ASEAN à Beijing.

11月20日至21日，第16次中国欧盟领导人会晤在北京举行，会后国务院总理李克强（中）与欧洲理事会主席范龙佩（左）、欧盟委员会主席巴罗佐（右）共同会见记者。（上图）

11月25日，国务院总理李克强（中）在布加勒斯特分别会见匈牙利总理欧尔班（右）和塞尔维亚总理达契奇（左），并共同会见记者。三国总理共同宣布，合作建设连接贝尔格莱德和布达佩斯的匈塞铁路，并成立联合工作组落实推进工作。（下图）

From 20 to 21 November, the 16th China-EU Summit was held in Beijing. After the summit, Premier of the State Council Li Keqiang (middle), President of the European Council Herman Van Rompuy (left) and President of the European Commission Jose Manuel Barroso (right) jointly met the press. (Upper picture)

On 25 November, Premier Li Keqiang of the State Council (middle) met with Hungarian Prime Minister Orbán Viktor (right) and Serbian Prime Minister Ivica Dačić (left) separately in Bucharest and they held a joint press conference. They jointly announced the cooperation on the construction of Hungary-Serbia Railway that connects Belgrade and Budapest and the establishment of a Joint Working Group responsible for its implementation. (Lower picture)

Les 20 et 21 novembre, le 16e Sommet Chine-UE a lieu à Beijing. À l'issue de la réunion, le Premier Ministre du Conseil des Affaires d'État Li Keqiang (au milieu), le Président du Conseil européen Herman Van Rompuy (à gauche) et le Président de la Commission européenne José Manuel Barroso (à droite) rencontrent la presse. (Photo en haut)

Le 25 novembre, le Premier Ministre du Conseil des Affaires d'État Li Keqiang (au milieu) rencontre respectivement le Premier Ministre hongrois Viktor Orbán (à droite) et le Premier Ministre serbe Ivica Dačić (à gauche) à Bucarest. Lors de la conférence de presse conjointe tenue à l'issue de leur réunion, les trois Premiers Ministres annoncent ensemble la construction en coopération du chemin de fer Belgrade-Budapest et la création d'un groupe de travail conjoint en vue de la mise en œuvre du projet. (Photo en bas)

11月26日，国务院总理李克强（左八）在罗马尼亚布加勒斯特同出席中国—中东欧国家领导人会晤的各国领导人集体合影。

On 26 November, Premier of the State Council Li Keqiang (eighth from left) took a group photo with other leaders attending the China-Central and Eastern European Countries Summit in Bucharest, Romania.

Le 26 novembre, le Premier Ministre du Conseil des Affaires d'État Li Keqiang (8e à gauche) pose pour la photo de famille avec les dirigeants participant à la Rencontre des dirigeants de la Chine et de l'Europe centrale et orientale à Bucarest, en Roumanie.

8月13日，国务委员杨洁篪（右三）在北京会见第68届联合国大会当选主席约翰·阿什（左二）。

On 13 August, State Councilor Yang Jiechi (third from right) met with John Ashe (second from left), President-Elect of the 68th Session of the General Assembly of the United Nations in Beijing.

Le 13 août, le Conseiller d'État Yang Jiechi (3e à droite) rencontre à Beijing le Président élu de la 68e session de l'Assemblée générale des Nations Unies John W. Ashe (2e à gauche).

9月27日，外交部长王毅在纽约联合国总部举行的第68届联合国大会一般性辩论中发言。

On 27 September, Foreign Minister Wang Yi delivered a speech during the General Debate of the 68th Session of the UN General Assembly at the UN headquarters in New York.

Le 27 septembre, le Ministre des Affaires étrangères Wang Yi prononce une intervention au débat général de la 68e session de l'Assemblée générale au siège de l'ONU, à New York.

9月24日，外交部长王毅（右一）出席在纽约联合国总部举行的联合国可持续发展问题高级别政治论坛对话会并发言。（左图）

10月22日，中国在瑞士日内瓦接受联合国人权理事会第二轮国别人权审查，中国接受国别人权审查代表团团长、外交部特使吴海龙（右一）出席并介绍有关情况。（右图）

On 24 September, Foreign Minister Wang Yi (first from right) attended and addressed the High-level Political Forum on Sustainable Development at the UN headquarters in New York. (Left picture)

On 22 October, China underwent the second cycle of the Universal Periodic Review (UPR) by the Human Rights Council in Geneva, Switzerland. Wu Hailong (first from right), head of the Chinese delegation and MFA Special Envoy, attended the review and made a statement. (Right picture)

Le 24 septembre, le Ministre des Affaires étrangères Wang Yi (1er à droite) intervient au Forum politique de haut niveau pour le développement durable au siège de l'ONU, à New York. (Photo à gauche)

Le 22 octobre, lors du deuxième cycle de l'Examen périodique universel du Conseil des droits de l'homme à Genève, en Suisse, M. Wu Hailong (1er à droite), Chef de la délégation chinoise et Envoyé spécial du Ministère des Affaires étrangères, donne une présentation. (Photo à droite)

6月24日，中国候选人李勇（中）在奥地利维也纳举行的联合国工业发展组织第41届理事会新任总干事投票选举中胜出。这是内地中国人首次担任联合国专门机构负责人。（左图）

11月5日，中国教育部副部长、中国联合国教科文组织全国委员会主任郝平（右二）在法国巴黎召开的联合国教科文组织第37届大会上当选为联合国教科文组织大会主席，任期两年。这是该组织历史上中国代表首次担任大会主席。（右图）

On 24 June, Chinese candidate Li Yong (center) was elected as Director General of the United Nations Industrial Development Organization (UNIDO) at the 41st Session of UNIDO Industrial Development Board in Vienna, Austria. He is the first person from the Chinese mainland to lead a UN specialized agency. (Left picture)

On 5 November, Hao Ping (second from right), Chinese Vice Minister of Education and Chairperson of Chinese National Commission for the United Nations Educational, Scientific and Cultural Organization (UNESCO), was elected as President of the 37th Session of the General Conference of UNESCO for a two-year term at the session in Paris, France. It is the first time in UNESCO's history for a Chinese representative to chair the General Conference. (Right picture)

Le 24 juin, le candidat chinois M. Li Yong (au milieu) est élu Directeur général de l'Organisation des Nations Unies pour le développement industriel (ONUDI) lors de la 41e session du Conseil du développement industriel à Vienne, en Autriche. Il est le premier Chinois de la partie continentale nommé chef d'une institution spécialisée de l'ONU. (Photo à gauche)

Le 5 novembre, M. Hao Ping (2e à droite), Vice-Ministre de l'Éducation et Président de la Commission nationale chinoise pour l'UNESCO, est élu Président de la Conférence générale de l'UNESCO pour un mandat de deux ans lors de sa 37e session tenue à Paris. Il est le premier Chinois au poste du Président de la Conférence générale depuis la fondation de l'UNESCO. (Photo à droite)

11月12日，第68届联合国大会改选联合国人权理事会成员，中国以176票当选，任期自2014年至2016年。

On 12 November, the 68th Session of the UN General Assembly elected members of the UN Human Rights Council. China was elected by 176 votes with a term running from 2014 to 2016.

Le 12 novembre, lors de l'élection du Conseil des droits de l'homme à la 68e session de l'Assemblée générale des Nations Unies, la Chine est élue membre (176 voix) dont le mandat dure de 2014 à 2016.

12月7日，第68届联合国大会第二委员会会议通过有关人类住区问题的决议，决定自2014年起将每年的10月31日设为"世界城市日"。这是中国首次在联合国推动设立的国际日，获得了联合国全体会员国的支持。

On 7 December, the Second Committee of the 68th Session of the UN General Assembly adopted a resolution on human settlements, deciding to designate October 31 as the "World Cities Day" beginning in 2014. It is the first time that China has proposed an international day at the UN, winning support by all UN member states.

Le 7 décembre, la Deuxième Commission de la 68e session de l'Assemblée générale des Nations Unies adopte une résolution sur les établissements humains, proclamant le 31 octobre, à partir de 2014, « Journée mondiale des villes ». C'est la première fois que la Chine prend une telle initiative, qui est soutenue par l'ensemble des États membres des Nations Unies.

10月21日，中国首支赴利比里亚共和国维和警察防暴队启程。这是中国首次向联合国非洲任务区派遣成建制维和警察防暴队。（上图）

10月30日，联合国在苏丹共和国达尔富尔维和部队超级营地举行授勋仪式，授予中国第八批赴达尔富尔维和部队225名官兵联合国“和平荣誉勋章”，并向中国维和部队颁发“联合国—非洲联盟”达尔富尔维和“特别贡献奖”。（下图）

On 21 October, China's first riot police team set off for peacekeeping mission in the Republic of Liberia. It is the first time that China has sent a riot police unit to a UN mission in Africa. (Upper picture)

On 30 October, an award ceremony was held at the Supercamp of the UN peacekeeping mission in Darfur, the Republic of Sudan. Two hundred and twenty-five members of the eighth Chinese peacekeeping force in Darfur were awarded the UN Peace Medal of Honor and the Chinese peacekeeping force was awarded the Special Contribution Collective Award of the UN-African Union Mission in Darfur (UNAMID). (Lower picture)

Le 21 octobre, le premier détachement de policiers anti-émeutes de la Chine part en mission de maintien de la paix en République du Libéria. C'est la première fois que la Chine envoie une unité complète de policiers anti-émeutes dans une mission onusienne en Afrique. (Photo en haut)

Le 30 octobre se tient une cérémonie de remise de prix au Supercamp de la Mission de maintien de la paix des Nations Unies au Darfour, en République du Soudan. Les 225 Casques bleus relevant du 8e contingent chinois au Darfour reçoivent la Peace Medal of Honor des Nations Unies, et le contingent chinois, le *Special Contribution Collective Award* de la MINUAD. (Photo en bas)

12月3日，中国首批赴马里共和国维和部队先遣队官兵整装待发。这是中国军队自1992年首次派出联合国维和人员以来参与的第30项联合国维和行动，也是首次派出安全部队参与维和。

On 3 December, the advance detachment of the Chinese peacekeeping force to the Republic of Mali was ready to set off. It is the 30th UN peacekeeping mission China has undertaken since 1992. It is also the first time that China has sent security forces to a peacekeeping mission.

Le 3 décembre, le détachement précurseur du premier contingent chinois pour le maintien de la paix en République du Mali s'apprête à partir. C'est la 30e opération onusienne de maintien de la paix à laquelle participe la Chine depuis qu'elle a envoyé pour la première fois des Casques bleus en 1992. C'est aussi la première fois qu'elle envoie des forces de sécurité à une mission de maintien de la paix.

12月31日，中国海军导弹护卫舰盐城舰赴地中海执行为运输叙利亚化学武器船只护航任务。

On 31 December, the Chinese missile frigate Yancheng sailed to the Mediterranean Sea for escorting the shipment of Syrian chemical weapons.

Le 31 décembre, la frégate lance-missiles *Yancheng* de la Marine chinoise se rend en Méditerranée pour escorter le transport des armes chimiques syriennes.

联合国事务

2月27日，中国驻莱索托王国大使胡定贤（左）在莱索托粮食管理局仓库向莱索托外交大臣采科阿交接中国政府通过联合国世界粮食计划署向莱索托提供的价值100万美元粮食援助。（上图）

4月29日，中国第11批赴黎巴嫩共和国维和部队官兵在黎巴嫩苏尔参加援建体育场的竣工仪式。　（下图）

On 27 February, Chinese Ambassador to the Kingdom of Lesotho Hu Dingxian (left) handed over to Lesotho Foreign Minister Mohlabi Tsekoa food assistance worth US$ 1 million at the warehouse of the Lesotho Food Management Unit. The assistance was provided by the Chinese government through the World Food Program of the United Nations. (Upper picture)

On 29 April, the 11th batch of Chinese Peacekeepers to the Republic of Lebanon attended the completion ceremony of a China-aided stadium in Sur, Lebanon. (Lower picture)

Le 27 février, à l’entrepôt de la *Food Management Unit* du Lesotho, l’Ambassadeur de Chine au Royaume du Lesotho Hu Dingxian (à gauche) remet au Ministre des Affaires étrangères du Lesotho Mohlabi Kenneth Tsekoa une aide alimentaire d’une valeur d’un million de dollars US fournie par le gouvernement chinois au Lesotho à travers le Programme Alimentaire Mondial des Nations Unies. (Photo en haut)

Le 29 avril, le 11e contingent de Casques bleus de la Chine en République libanaise participe à Tyr, au Liban, à la cérémonie d’inauguration d’un stade construit par la Chine. (Photo en bas)

6月30日至7月5日，中国海军"和平方舟"号医院船首次访问马尔代夫共和国，并为民众开展义务诊疗。图为马尔代夫总统瓦希德（左二）看望在医院船做手术的儿童。

From 30 June to 5 July, the Chinese navy's hospital ship Peace Ark visited the Republic of Maldives for the first time and provided free medical service to the local public. The picture shows Maldivian President Mohamed Waheed Hassan (second from left) visiting a child that had an operation onboard.

Du 30 juin au 5 juillet, le navire-hôpital de la Marine chinoise « Arche de la Paix » effectue sa première visite en République des Maldives et fournit gratuitement des soins médicaux à la population locale. Sur la photo, le Président maldivien Mohammed Waheed Hassan (2e à gauche) rend visite à un enfant qui vient d'être opéré à bord du navire-hôpital.

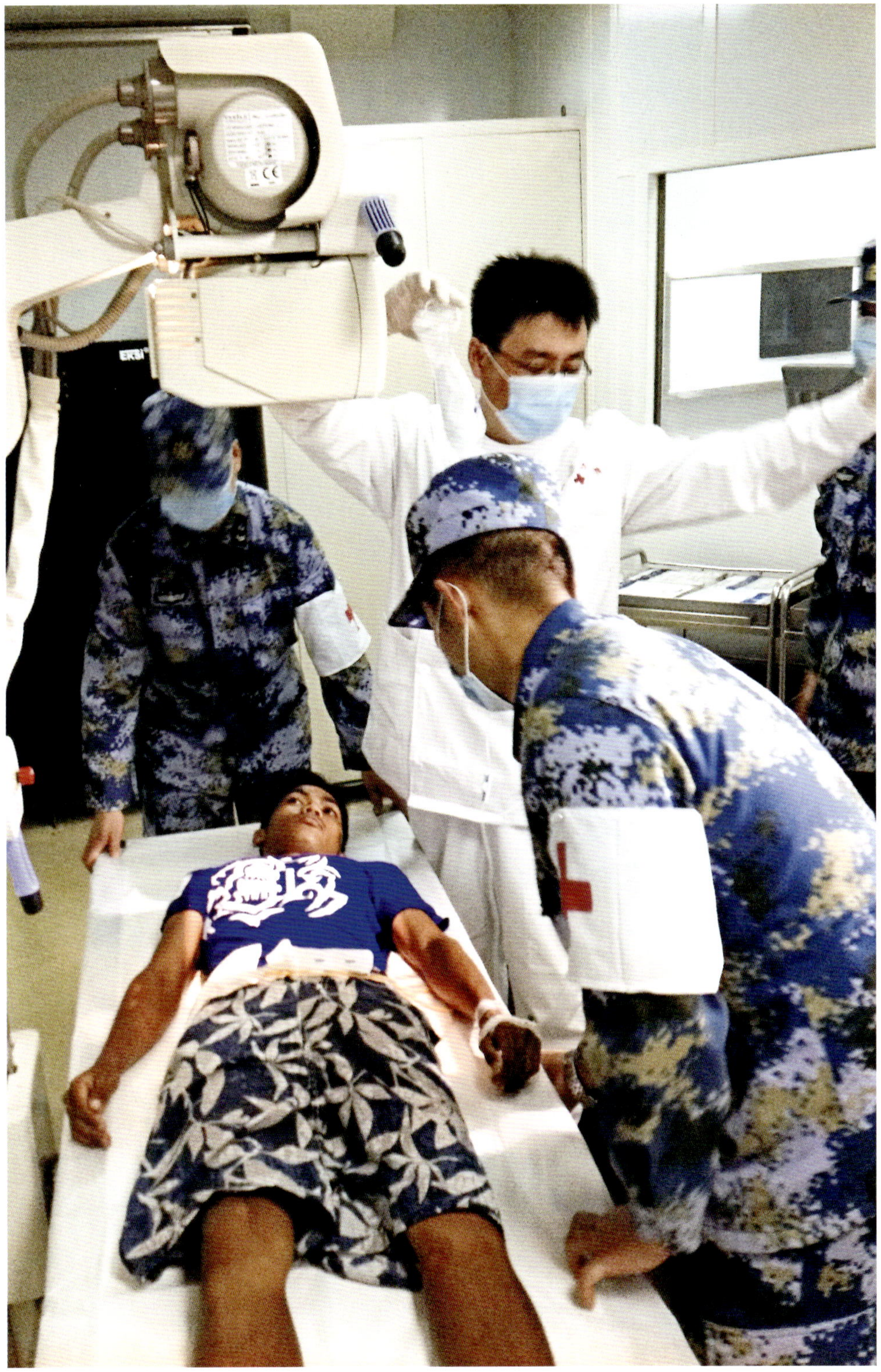

11月8日，超强台风"海燕"袭击菲律宾共和国后，中国政府和民间组织以多种形式对菲展开援助。

11月19日，中国政府向菲律宾台风灾区提供的人道主义紧急救灾物资全部运抵菲中部城市宿务，并移交菲方。（左图）

11月24日，中国"和平方舟"号医院船医务人员在菲律宾莱特湾对患者进行检查。（右图）

On 8 November, after the super typhoon Haiyan hit the Republic of the Philippines, the Chinese government and non-governmental organizations provided multiple forms of assistance to the Philippines.

On 19 November, all the materials provided by the Chinese government in emergency humanitarian assistance to the typhoon-stricken area arrived in the central Philippine city Cebu and were handed over to the Philippine side. (Left picture)

On 24 November, medical workers of the Chinese hospital ship Peace Ark gave a check to a patient in Leyte Gulf, the Philippines. (Right picture)

Après que le super-typhon Haiyan a frappé la République des Philippines le 8 novembre, le gouvernement et les ONG chinois ont apporté aux Philippines des aides sous différentes formes.

Le 19 novembre, les matériels d'aide humanitaire d'urgence fournis par le gouvernement chinois aux zones sinistrées des Philippines arrivent à Cebu, ville située au centre des Philippines, et sont remis aux autorités philippines. (Photo à gauche)

Le 24 novembre, le personnel médical du navire-hôpital chinois « Arche de la Paix » examine un patient dans le golfe de Leyte, aux Philippines. (Photo à droite)

5月25日，国家主席习近平特别代表、国务院副总理汪洋在埃塞俄比亚的斯亚贝巴出席庆祝非洲统一组织成立50周年非盟特别峰会，并在峰会上宣读习近平主席的贺词。（上图）

11月20日，以“命运与共、合作共赢”为主题的中非合作圆桌会议第四次大会在海南万宁开幕。（下图）

On 25 May, Wang Yang, Special Representative of President Xi Jinping and Vice Premier of the State Council, attended the AU Summit marking the 50th anniversary of the founding of the Organization for African Unity (OAU) in Addis Ababa, Ethiopia, and he read President Xi Jinping's message of congratulations. (Upper picture)

On 20 November, under the theme of "Shared Destiny and Win-win Cooperation", the fourth Roundtable Conference on China-Africa Cooperation was opened in Wanning, Hainan. (Lower picture)

Le 25 mai, M. Wang Yang, Représentant spécial du Président Xi Jinping et Vice-Premier Ministre du Conseil des Affaires d'État, participe, à Addis Abeba, en Éthiopie, au Sommet extraordinaire de l'UA célébrant le cinquantenaire de la création de l'Organisation de l'Unité africaine et y donne lecture du message de félicitations du Président Xi Jinping. (Photo en haut)

Le 20 novembre, la 4e Conférence de la Table ronde sur la coopération sino-africaine s'ouvre à Wanning, à Hainan, ayant pour thème « Destin partagé et coopération gagnant-gagnant ». (Photo en bas)

12月6日，国务委员杨洁篪（右一）出席在南非开普敦举行的金砖国家安全事务高级代表第四次会议。

On 6 December, State Councilor Yang Jiechi (first from right) attended the fourth Meeting of BRICS High Representatives for Security Issues in Cape Town, South Africa.

Le 6 décembre, le Conseiller d'État Yang Jiechi (1er à droite) participe à la 4e Réunion des hauts représentants chargés des affaires sécuritaires des BRICS au Cap, en Afrique du Sud.

11月10日，外交部长王毅（右一）在印度新德里出席中国、俄罗斯、印度三国外长第12次会晤。

On 10 November, Foreign Minister Wang Yi (first from right) attended the 12th Meeting of Foreign Ministers of China, Russia and India in New Delhi, India.

Le 10 novembre, le Ministre des Affaires étrangères Wang Yi (1er à droite) participe à la 12e Réunion des Ministres chinois, russe et indien des Affaires étrangères à New Delhi, en Inde.

9月23日，外交部副部长张业遂（左八）在北京会见阿富汗、巴基斯坦联合议员考察团。（上图）

6月13日至14日，东亚—拉美合作论坛第六届外长会在印度尼西亚巴厘岛举行。（下图）

On 23 September, Vice Foreign Minister Zhang Yesui (eighth from left) met with the joint parliamentary delegation of Afghanistan and Pakistan in Beijing. (Upper picture)

From 13 to 14 June, the 6th Foreign Ministers Meeting of the Forum for East Asia-Latin America Cooperation was held in Bali, Indonesia. (Lower picture)

Le 23 septembre, le Vice-Ministre des Affaires étrangères Zhang Yesui (8e à gauche) reçoit à Beijing une délégation conjointe de parlementaires afghans et pakistanais. (Photo en haut)

Les 13 et 14 juin, se tient à Bali, en Indonésie, la 6e Réunion des Ministres des Affaires étrangères du Forum pour la coopération Asie de l'Est-Amérique latine. (Photo en bas)

6月27日，外交部副部长翟隽（左三）在新疆乌鲁木齐出席中国—阿拉伯国家合作论坛“第五届中阿关系暨中阿文明对话研讨会”开幕式。

On 27 June, Vice Foreign Minister Zhai Jun (third from left) attended the opening ceremony of the fifth Seminar on China-Arab Relations and China-Arab Inter-Civilization Dialogue of the China-Arab States Cooperation Forum in Urumqi, Xinjiang.

Le 27 juin, le Vice-Ministre des Affaires étrangères Zhai Jun (3e à gauche) assiste à Urumqi, au Xinjiang, à la cérémonie d'ouverture du 5e Colloque sur les relations sino-arabes et dialogue entre les cultures chinoise et arabe du Forum sur la coopération sino-arabe.

9月6日，中国政府代表团团长、中国—太平洋岛国论坛对话会特使李强民（前右）在马绍尔群岛马朱罗出席第25届太平洋岛国论坛会后对话会。

On 6 September, Li Qiangmin (right in the front), head of the Chinese government delegation and Chinese Special Envoy to the China-Pacific Islands Forum Dialogue, attended the 25th Post-Forum Dialogue Meeting of the Pacific Islands Forum (PIF) in Majuro, Marshall Islands.

Le 6 septembre, M. Li Qiangmin (1er plan, à droite), Chef de délégation du gouvernement chinois et Envoyé spécial pour le dialogue du Forum Chine-Îles du Pacifique, participe au dialogue à l'issue du 25e Forum des îles du Pacifique à Majuro, aux îles Marshall.

9月30日，中国—巴西军控与防扩散磋商在巴西巴西利亚举行。

On 30 September, the China-Brazil consultation on arms control and non-proliferation was held in Brasilia, Brazil.

Le 30 septembre, a lieu à Brasilia, au Brésil, la Réunion de consultations Chine-Brésil sur le contrôle des armements et la non-prolifération.

10月15日，外交部副部长、中国—中东欧国家合作秘书处秘书长宋涛（左八）在布加勒斯特出席中国—中东欧国家合作国家协调员会议。

On 15 October, Song Tao (eighth from left), Chinese Vice Foreign Minister and Secretary General of the Secretariat for Cooperation between China and Central and Eastern European Countries, attended the Meeting of National Coordinators for China-CEEC Cooperation in Bucharest.

Le 15 octobre, le Vice-Ministre des Affaires étrangères et Secrétaire général du Secrétariat de la Coopération entre la Chine et les pays d'Europe centrale et orientale (PECO) Song Tao (8e à gauche) participe à la Réunion des Coordinateurs nationaux pour la Coopération Chine-PECO à Bucarest.

区域性合作

12月13日，外交部副部长程国平（中）在江苏苏州出席亚洲相互协作与信任措施会议高官委员会会议开幕式并致辞。（上图）

12月13日，外交部副部长刘振民（右二）在北京会见出席中国、蒙古、俄罗斯三国外交部司局级磋商及相关会议的蒙古和俄罗斯外交部官员。（下图）

On 13 December, Vice Foreign Minister Cheng Guoping (center) attended and addressed the opening ceremony of the Meeting of the Senior Officials Committee of the Conference on Interaction and Confidence Building Measures in Asia (CICA) in Suzhou, Jiangsu. (Upper picture)

On 13 December, Vice Foreign Minister Liu Zhenmin (second from right) met with officials from the foreign ministries of Mongolia and Russia attending the director-general level consultation and other related meetings among the foreign ministries of China, Mongolia and Russia in Beijing. (Lower picture)

Le 13 décembre, le Vice-Ministre des Affaires étrangères Cheng Guoping (au milieu) participe à Suzhou, au Jiangsu, à la cérémonie d'ouverture de la réunion du Comité des hauts fonctionnaires de la Conférence sur l'interaction et les mesures de confiance en Asie et y prononce une allocution. (Photo en haut)

Le 13 décembre, le Vice-Ministre des Affaires étrangères Liu Zhenmin (2e à droite) rencontre à Beijing les délégués mongols et russes participant aux consultations au niveau de directeur général et à d'autres réunions concernées entre les Ministères des Affaires étrangères de la Chine, de la Mongolie et de la Russie. (Photo en bas)

5月6日，国家主席习近平（左三）在北京与巴勒斯坦总统阿巴斯（右三）举行会谈，提出中方关于解决巴勒斯坦问题的四点主张。

On 6 May, President Xi Jinping (third from left) held talks with Palestinian President Mahmoud Abbas (third from right) and made China's four-point proposal for the settlement of the Palestinian issue.

Le 6 mai, le Président Xi Jinping (3e à gauche) s'entretient à Beijing avec le Président palestinien Mahmoud Abbas (3e à droite) et avance la proposition en quatre points de la Chine sur le règlement de la question de la Palestine.

推动解决国际地区热点问题

9月27日，联合国安理会一致通过一项有关叙利亚化学武器问题的决议，外交部长王毅（前左一）在会上举手表决。（上图）

12月5日，中国中东问题特使吴思科（左三）在埃及开罗阿拉伯国家联盟总部会见阿盟秘书长纳比勒·阿拉比。（下图）

On 27 September, the UN Security Council adopted by consensus a resolution concerning the issue of Syrian chemical weapons. Foreign Minister Wang Yi (first from left in the front) raised his hand in favor. (Upper picture)

On 5 December, China's Special Envoy on the Middle East Issue Wu Sike (third from left) met with Secretary General of the League of Arab States (LAS) Nabil El Araby at the LAS headquarters in Cairo, Egypt. (Lower picture)

Le 27 septembre, le Conseil de Sécurité des Nations Unies adopte à l'unanimité une résolution sur la question des armes chimiques syriennes. Le Ministre des Affaires étrangères Wang Yi (1er plan, 1er à gauche) vote à main levée lors de la séance. (Photo en haut)

Le 5 décembre, l'Envoyé spécial chinois pour le Moyen-Orient Wu Sike (3e à gauche) rencontre au siège de la Ligue des États arabes, au Caire, en Égypte, le Secrétaire général de la Ligue arabe Nabil Al-Arabi. (Photo en bas)

1 3
2

1 11月24日，外交部长王毅（前左二）在瑞士日内瓦出席伊朗核问题六国与伊朗对话会。

2 3月7日，中国常驻联合国代表李保东在联合国安理会表决朝鲜核试验问题草案后向媒体发表谈话，阐述中方立场。

3 4月21日，苏丹共和国第二副总统哈吉·优素福在苏丹喀土穆会见中国政府非洲事务特别代表钟建华（左）。

1 On 24 November, Foreign Minister Wang Yi (second from left in the front) attended the P5+1 talks with Iran over the Iranian nuclear issue in Geneva, Switzerland.

2 On 7 March, Chinese Permanent Representative to the UN Li Baodong briefed the media on China's position after voting on a draft resolution concerning the nuclear test by the DPRK.

3 On 21 April, Second Vice President Al Haj Yousuf of the Republic of the Sudan met with Zhong Jianhua (left),Special Representative of the Chinese government on African affairs,in Khartoum, Sudan.

1 Le 24 novembre, le Ministre des Affaires étrangères Wang Yi (1er plan, 2e à gauche) participe à Genève, en Suisse, au dialogue sur la question nucléaire iranienne entre les Six et l'Iran.

2 Le 7 mars, le Représentant permanent de la Chine aux Nations Unies Li Baodong présente devant la presse la position chinoise après le vote au Conseil de Sécurité d'un projet de résolution portant sur l'essai nucléaire de la RPDC.

3 Le 21 avril, le 2e vice-Président de la République du Soudan Al Haj Yousuf rencontre à Khartoum, au Soudan, le Représentant spécial du gouvernement chinois pour les affaires africaines Zhong Jianhua (à gauche).

5月15日，北极理事会第八次部长级会议在瑞典基律纳召开，接受中国和其他五个国家成为该组织正式观察员。

On 15 May, the eighth Ministerial Meeting of the Arctic Council was held in Kiruna, Sweden. China and other five countries were accepted as observers to this organization.

Le 15 mai, la 8e Réunion ministérielle du Conseil de l'Arctique tenue à Kiruna, en Suède, accorde à la Chine et à cinq autres pays le statut d'observateur.

9月11日，外交部部长助理郑泽光（左二）在北京出席东盟地区论坛网络安全研讨会开幕式并致辞。

On 11 September, Assistant Foreign Minister Zheng Zeguang (second from left) attended the opening ceremony of the ASEAN Regional Forum (ARF) Workshop on Measures to Enhance Cyber Security and delivered a speech.

Le 11 septembre, le Ministre assistant des Affaires étrangères Zheng Zeguang (2e à gauche) participe à Beijing à la cérémonie d'ouverture de l'Atelier sur les mesures de renforcement de la cybersécurité du Forum régional de l'ASEAN et y prononce une allocution.

11月20日，中国代表团团长、国家发展改革委员会副主任解振华（中）在波兰华沙出席联合国气候变化大会华沙会议新闻发布会。

On 20 November, Xie Zhenhua (center), head of the Chinese delegation and Vice Chairman of the National Development and Reform Commission, attended the press conference of the UN Climate Change Conference in Warsaw, Poland.

Le 20 novembre, M. Xie Zhenhua (au milieu), Chef de la délégation chinoise et Vice-Président de la Commission nationale du Développement et de la Réforme, s'exprime au point de presse de la Conférence des Nations Unies sur le changement climatique à Varsovie, en Pologne.

维护二战后国际秩序

5月26日，国务院总理李克强（右一）在德国勃兰登堡州参观波茨坦会议旧址后发表讲话，表示中国愿同世界各国爱好和平的人们携手，维护二战后确立的和平秩序，维护世界和平和繁荣。

On 26 May, Premier of the State Council Li Keqiang (first from right) made remarks after visiting the site of Potsdam Conference in Brandenburg, Germany. He said that China is ready to join hands with peace-loving people of all countries around the world to uphold the post-war order of peace and maintain world peace and prosperity.

Le 26 mai, le Premier Ministre du Conseil des Affaires d'État Li Keqiang (1er à droite) prononce une allocution après la visite du site de la Conférence de Potsdam au Land de Brandebourg, en Allemagne, exprimant la volonté de la Chine de travailler la main dans la main avec tous les hommes et femmes épris de paix des différents pays du monde pour préserver ensemble l'ordre de la paix établi après la Seconde Guerre mondiale ainsi que la paix et la prospérité dans le monde.

12月26日，外交部发言人就日本首相安倍晋三参拜靖国神社表示，此举粗暴践踏中国和其他亚洲战争受害国人民感情，公然挑战历史正义和人类良知。其实质是美化日本军国主义对外侵略和殖民统治历史，企图颠覆国际社会对日本军国主义的正义审判，挑战二战成果和战后国际秩序。（上图）

7月5日，中国国际问题研究所与国家海洋局海洋发展战略研究所、中国人民抗日战争纪念馆共同举办主题为“《开罗宣言》发表七十周年：历史、现实与法理”的国际学术研讨会。（下图）

On 26 December, the MFA spokesperson made a statement on Japanese Prime Minister Shinzo Abe's visit to the Yasukuni Shrine, saying that the visit grossly tramples on the sentiment of the Chinese people and other Asian peoples victimized in the war and openly challenges the historical justice and human conscience. The spokesperson also stated that it is, in nature, an attempt to whitewash the history of aggression and colonialism by militarist Japan, overturn the just trial of Japanese militarism by the international community and challenge the outcome of WWII and the post-war international order. (Upper picture)

On 5 July, the international academic conference entitled "70 Years After the Issuance of the *Cairo Declaration*: History, World Order and the International Law" was organized by the China Institute of International Studies, the China Institute for Maritime Affairs of the State Oceanic Administration and the Museum of the War of Chinese People's Resistance Against Japanese Aggression. (Lower picture)

Le 26 décembre, le porte-parole du Ministère des Affaires étrangères indique que la visite du Premier Ministre japonais Shinzo Abe au Sanctuaire Yasukuni heurte les sentiments du peuple chinois et d'autres peuples asiatiques victimes de la guerre et lance un défi extravagant à la justice de l'Histoire et à la conscience de l'Humanité. Cet acte, dit le porte-parole, vise au fond à embellir l'histoire de l'agression militariste et de la domination coloniale du Japon, et à tenter de renverser le juste jugement de la communauté internationale à l'encontre du militarisme japonais et de défier les acquis de la Seconde Guerre mondiale ainsi que l'ordre international d'après-guerre. (Photo en haut)

Le 5 juillet, l'Institut des études internationales de Chine, l'Institut des affaires maritimes du Bureau national des Affaires océaniques et le Musée de la Guerre de Résistance du Peuple chinois contre l'agression japonaise organisent un colloque international ayant pour thème « 70 ans après la signature de la *Déclaration du Caire* : histoire, ordre international et droit international ». (Photo en bas)

第四部分

互利共赢　共同发展

二零一三年，国际金融危机的后续影响仍未消除，世界经济复苏的不稳定、不确定因素增多。面对复杂的世界经济形势，中国进一步加强同其他国家的经济交流与合作，努力推动世界经济强劲、可持续、平衡增长。

这一年，中国更加积极主动地开展经济外交，推动对内对外开放相互促进、引进来和走出去更好结合，加快培育参与和引领国际经济合作竞争新优势，提升参与全球经济治理能力和水平，推动建设开放型世界经济，发出『中国声音』，提出『中国方案』，为全球经济增长和国际金融市场稳定作出积极贡献。

肆

Part 4
Mutual Benefit for Common Development

In 2013, the impact of the international financial crisis lingered on,accompanied by increased uncertainties and destabilizing factors in global economic recovery. Facing the complexities in the global economy, China further enhanced economic exchanges and cooperation with other countries and worked vigorously to promote strong, sustainable and balanced growth of the global economy.

It was a year of more proactive economic diplomacy. China promoted mutual reinforcement between opening-up at home and that to the outside world and better alignment between “bringing in” and “going global” activities, quickened its pace in building a new competitive edge for participating in and spearheading international economic cooperation, and enhanced its ability of participating in global economic governance at greater depth so as to advance the building of an open world economy. Making “China’s voice” heard and putting forward “China’s proposals”, China made positive contribution to global economic growth and stability of the international financial market.

Partie 4

Bénéfice mutuel pour un développement partagé

En 2013, les impacts de la crise financière internationale n'ont toujours pas été éliminés, et les facteurs d'instabilité et d'incertitude pesant sur la reprise économique mondiale se sont multipliés. Face à une situation économique complexe dans le monde, la Chine a renforcé davantage ses échanges et coopérations économiques avec les autres pays pour promouvoir une croissance forte, durable et équilibrée de l'économie mondiale.

Cette année, la Chine a travaillé plus activement à développer sa diplomatie économique. Elle s'est efforcée de promouvoir le renforcement mutuel entre la réforme et l'ouverture sur l'extérieur et une meilleure combinaison des stratégies dites « introduire de l'étranger » et « sortir du pays », d'accélérer le développement de nouveaux avantages concurrentiels pour prendre part à la coopération économique internationale et y jouer un rôle pionnier, d'accroître sa capacité de participer en profondeur à la gouvernance économique mondiale, de favoriser une économie mondiale ouverte, et de faire entendre la « voix chinoise » et d'avancer des « solutions chinoises », de sorte à apporter une contribution active à la croissance économique mondiale et à la stabilité du marché financier international.

4月7日，国家主席习近平在海南博鳌出席博鳌亚洲论坛2013年年会开幕式，并发表题为《共同创造亚洲和世界的美好未来》的主旨演讲。

On 7 April, President Xi Jinping attended the opening plenary of the Boao Forum for Asia Annual Conference 2013 in Boao, Hainan and delivered a keynote speech entitled *Working Together Toward a Better Future for Asia and the World.*

Le 7 avril, le Président Xi Jinping participe à Hainan à la cérémonie d'ouverture de la Conférence annuelle 2013 du Forum de Bo'ao pour l'Asie et y prononce un discours intitulé *Créer ensemble un meilleur avenir pour l'Asie et le monde*.

BOAO FORUM FOR
ASIA
n For Asia Annual Conference 2013
亚洲论坛2013年年会

9月11日，国务院总理李克强在辽宁大连出席第七届夏季达沃斯论坛开幕式，并发表题为《以改革创新驱动中国经济长期持续健康发展》的特别致辞。

On 11 September, Premier of the State Council Li Keqiang attended the opening ceremony of the seventh Summer Davos Forum in Dalian, Liaoning and delivered a special address entitled *The Chinese Economy: Reform and Innovation for Sustained and Healthy Development*.

Le 11 septembre, le Premier Ministre du Conseil des Affaires d'État Li Keqiang participe à la cérémonie d'ouverture du 7e Forum d'été de Davos à Dalian, au Liaoning, et y prononce un discours intitulé *L'économie chinoise : la réforme et l'innovation pour un développement sain et durable.*

Meeting of the
Dalian
WORLD ECONOMIC FORUM

11月21日，国务院总理李克强（左一）在北京出席第九届中欧工商峰会并致辞。

On 21 November, Premier of the State Council Li Keqiang (first from left) attended and addressed the 9th China-EU Business Summit in Beijing.

Le 21 novembre, le Premier Ministre du Conseil des Affaires d'État Li Keqiang (1er à gauche) participe au 9e Sommet commercial Chine-UE à Beijing et y prononce une allocution.

9月14日，全国政协主席俞正声（前左二）在银川参观中国—阿拉伯国家博览会科威特主宾国展。（上图）

6月21日，国务院副总理张高丽（左一）在俄罗斯圣彼得堡出席第17届圣彼得堡国际经济论坛并致辞。（下图）

On 14 September, CPPCC Chairman Yu Zhengsheng (second from left in the front) visited the national pavilion of Kuwait, the guest country of honor, at the China-Arab States Expo in Yinchuan, Ningxia. (Upper picture)

On 21 June, Vice Premier of the State Council Zhang Gaoli (first from left) attended and addressed the 17th St. Petersburg International Economic Forum in St. Petersburg, Russia. (Lower picture)

Le 14 septembre, le Président du Comité national de la CCPPC Yu Zhengsheng (1er plan, 2e à gauche) visite, à Yinchuan, l'exposition du Koweït, invité d'honneur de l'Expo Chine-Pays arabes. (Photo en haut)

Le 21 juin, le Vice-Premier Ministre du Conseil des Affaires d'État Zhang Gaoli (1er à gauche) participe au 17e Forum économique international de Saint-Pétersbourg en Russie et y prononce une allocution. (Photo en bas)

9月8日，国务院副总理马凯在福建厦门出席“2013国际投资论坛”并发表主旨演讲。

On 8 September, Vice Premier of the State Council Ma Kai attended the International Investment Forum 2013 in Xiamen, Fujian and delivered a keynote speech.

Le 8 septembre, le Vice-Premier Ministre du Conseil des Affaires d'État Ma Kai participe au Forum international de l'investissement 2013 à Xiamen, au Fujian, et y prononce un discours.

9月3日，中共中央政治局委员、中华全国总工会主席李建国（左一）在北京出席“2013’经济全球化与工会国际论坛”开幕式并致辞。

On 3 September, Li Jianguo (first from left), member of the Political Bureau of the CPC Central Committee and Chairman of the All China Federation of Trade Unions, attended and addressed the opening ceremony of the 2013 International Forum on Economic Globalization and Trade Unions in Beijing.

Le 3 septembre, M. Li Jianguo (1er à gauche), membre du Bureau politique du CC du PCC et Président de la Fédération nationale des Syndicats de Chine, assiste à Beijing à la cérémonie d'ouverture du Forum international sur la mondialisation économique et les syndicats 2013 et y prononce une allocution.

9月16日，中共中央政治局委员、上海市委书记韩正（右）在上海会见世界银行行长金墉。

On 16 September, Han Zheng (right), member of the Political Bureau of the CPC Central Committee and Secretary of the CPC Shanghai Municipal Committee, met with President of the World Bank Jim Yong Kim in Shanghai.

Le 16 septembre, M. Han Zheng (à droite), membre du Bureau politique du CC du PCC et Secrétaire du Comité du PCC pour la municipalité de Shanghai, rencontre le Président du Groupe de la Banque mondiale Jim Yong Kim à Shanghai.

11月5日，中国—葡语国家经贸合作论坛（澳门）第四届部长级会议暨中葡论坛成立十周年庆祝大会在澳门开幕。

On 5 November, the fourth Ministerial Conference of the Forum on Economic and Trade Cooperation between China and Portuguese-speaking Countries celebrating the 10th anniversary of the establishment of the forum was opened in Macao.

Le 5 novembre, la 4e Conférence ministérielle du Forum sur la coopération économique et commerciale entre la Chine et les pays lusophones et Conférence de célébration du 10e anniversaire de l'établissement du Forum s'ouvre à Macao.

10月15日，国务院副总理马凯（右）在北京与英国财政大臣乔治·奥斯本共同主持第五次中英经济财金对话并在会后共同会见记者。

On 15 October, Vice Premier of the State Council Ma Kai (right) and Chancellor of the Exchequer of the UK George Osborne co-chaired the fifth China-UK Economic and Financial Dialogue in Beijing and jointly met the press after the dialogue.

Le 15 octobre, le Vice-Premier Ministre du Conseil des Affaires d'État Ma Kai (à droite) et le Ministre britannique des Finances George Osborne coprésident le 5e Dialogue économique et financier sino-britannique à Beijing et rencontrent la presse après la réunion.

10月25日，国务委员王勇在北京中南海会见泰国副总理兼商务部长尼瓦探隆·汶松派讪（前左）。

On 25 October, State Councilor Wang Yong met with Deputy Prime Minister and Minister of Commerce of Thailand Niwatthamrong Boonsongpaisan (front left) at Zhongnanhai, Beijing.

Le 25 octobre, le Conseiller d'État Wang Yong rencontre, au Pavillon Ziguangge à Zhongnanhai, à Beijing, le Vice-Premier Ministre et Ministre du Commerce thaïlandais Niwatthamrong Boonsongpaisan (1er plan, à gauche).

经济对话与交流

11月15日，商务部副部长王超（左三）在北京与新西兰经济发展部部长斯蒂文·乔伊斯（右三）举行会谈。（左图）

6月6日至10日，首届中国—南亚博览会暨第21届中国昆明进出口商品交易会在云南昆明举行。（右图）

On 15 November, Vice Minister of Commerce Wang Chao (third from left) held talks with Minister of Economic Development of New Zealand Steven Joyce (third from right) in Beijing. (Left picture)

From 6 to 10 June, the first China-South Asia Expo and the 21st China Kunming Import and Export Commodities Fair was held in Kunming, Yunnan. (Right picture)

Le 15 novembre, le Vice-Ministre du Commerce Wang Chao (3e à gauche) s'entretient avec le Ministre néo-zélandais du Développement économique Steven Joyce (3e à droite) à Beijing. (Photo à gauche)

Du 6 au 10 juin, la 1ère Exposition Chine-Asie du Sud et 21e Foire d'Import-Export de Chine (Kunming) a lieu à Kunming, au Yunnan. (Photo à droite)

9月2日，第三届中国—亚欧博览会开幕式暨中国—亚欧经济发展合作论坛在新疆乌鲁木齐举行。（上图）

10月21日至23日，第八届中国—欧盟投资贸易科技合作洽谈会在四川成都举行。（下图）

On 2 September, the opening ceremony of the third China-Eurasia Expo and the China-Eurasia Economic Development and Cooperation Forum was held in Urumqi, Xinjiang. (Upper picture)

From 21 to 23 October, the eighth China-EU Business and Technology Cooperation Fair was held in Chengdu, Sichuan. (Lower picture)

Le 2 septembre, la cérémonie d'ouverture de la 3e Exposition Chine-Eurasie et Forum sur le développement et la coopération économiques Chine-Eurasie se tient à Urumqi, au Xinjiang. (Photo en haut)

Du 21 au 23 octobre a lieu à Chengdu, au Sichuan, la 8e Foire de la coopération commerciale et technologique Chine-UE. (Photo en bas)

9月4日，国家主席习近平（左）与土库曼斯坦总统别尔德穆哈梅多夫共同出席中国石油天然气集团公司承建的土库曼斯坦“复兴”气田一期工程竣工投产仪式。

On 4 September, President Xi Jinping (left) and Turkmen President Gurbanguly Berdymukhamedov attended the ceremony marking the completion and putting into operation of the first-phase project of the Fuxing Gas Field undertaken by the China National Petroleum Corporation (CNPC) in Turkmenistan.

Le 4 septembre, le Président Xi Jinping (à gauche) et le Président turkmène Gurbanguly Berdimuhamedow participent ensemble à la cérémonie de mise en production de la phase I du champ gazier « Fuxing » réalisée par CNPC au Turkménistan.

快速发展的中国铁路

11月26日，国务院总理李克强（中）在罗马尼亚议会宫与中东欧国家领导人参观中国铁路等基础设施及装备制造展。

On 26 November, Premier of the State Council Li Keqiang (center) and leaders of Central and Eastern European (CEE) countries visited an exhibition of Chinese railways, infrastructure and manufacturing equipment at the Parliament Palace in Romania.

Le 26 novembre, le Premier Ministre du Conseil des Affaires d'État Li Keqiang (au milieu) et des dirigeants des pays de l'Europe centrale et orientale visitent l'Exposition sur les chemins de fer et d'autres infrastructures et équipements chinois au Palais du Parlement en Roumanie.

12月6日，国务院副总理马凯（前右二）在北京人民大会堂与法国总理埃罗（前左一）参观中法核能合作30周年成就展。（上图）

7月6日，商务部长高虎城（右二）在北京与瑞士联邦委员兼经济部长施奈德·阿曼（左二）签署《中华人民共和国和瑞士联邦自由贸易协定》。这是中国与欧洲大陆国家和世界经济20强国家达成的首个自贸协定。（下图）

On 6 December, Vice Premier of the State Council Ma Kai (second from right in the front) and Prime Minister of France Jean-Marc Ayrault (first from left in the front) visited the exhibition marking the 30 years of China-France nuclear cooperation at the Great Hall of the People in Beijing. (Upper picture)

On 6 July, Minister of Commerce Gao Hucheng (second from right) and Johann Niklaus Schneider-Ammann, member of the Swiss Federal Council and Head of the Federal Department of Economic Affairs, Education and Research, signed in Beijing the *Free Trade Agreement Between the People's Republic of China and the Swiss Federation*, China's first FTA with a continental European country and one of the world's top 20 economies. (Lower picture)

Le 6 décembre, le Vice-Premier Ministre du Conseil des Affaires d'État Ma Kai (1er plan, 2e à droite) et le Premier Ministre français Jean-Marc Ayrault (1er plan, 1er à gauche) visitent l'Exposition sur les 30 ans de coopération sino-française dans le domaine nucléaire au Grand Palais du Peuple à Beijing. (Photo en haut)

Le 6 juillet, le Ministre du Commerce Gao Hucheng (2e à droite) signe à Beijing avec le Conseiller fédéral et Chef du Département fédéral de l'Économie de Suisse Johann Schneider-Ammann (2e à gauche) l'*Accord de libre-échange entre la République populaire de Chine et la Confédération suisse*, premier du genre entre la Chine et un pays de l'Europe continentale et entre la Chine et une des vingt plus grandes économies du monde. (Photo en bas)

1月22日，中国驻法国大使孔泉（右二）在法国夏朗德省干邑出席当地葡萄种植农户和销售商联合举办的主题为对话中国的圆桌会议。（上图）

1月23日，中国驻巴西大使李金章（右）在巴西圣保罗出席中国工商银行（巴西）股份有限公司成立仪式。（下图）

On 22 January, Chinese Ambassador to France Kong Quan (second from right) attended a roundtable on "France (Cognac) and China" co-organized by local grape growers and distributors in Cognac, Charente of France. (Upper picture)

On 23 January, Chinese Ambassador to Brazil Li Jinzhang (right) attended the inauguration ceremony of the Industrial and Commercial Bank of China (ICBC Brazil) Limited in Sao Paulo, Brazil. (Lower picture)

Le 22 janvier, l'Ambassadeur de Chine en France Kong Quan (2e à droite) participe à Cognac (Charente) à une table ronde dédiée au dialogue avec la Chine organisée par les viticulteurs et les maisons de négoce locaux. (Photo en haut)

Le 23 janvier, l'Ambassadeur de Chine au Brésil Li Jinzhang (à droite) participe à la cérémonie d'inauguration de la Banque industrielle et commerciale de Chine (Brésil) Co., Ltd à São Paulo, au Brésil. (Photo en bas)

1月28日，中国驻朝鲜大使刘洪才（前中）在朝鲜平津参观平津自行车（中朝）合营会社的组装车间。

On 28 January, the Chinese Ambassador to the DPRK Liu Hongcai (front center) visited the assembly workshop of the Pyeongjin Bicycle (China-DPRK) Joint Corporation in Pyeongjin, DPRK.

Le 28 janvier, l'Ambassadeur de Chine en RPDC Liu Hongcai (1er plan, au milieu) visite à Pyong Jin, en RPDC, l'atelier d'assemblage de la Société mixte de bicyclettes de Pyong Jin (Chine-RPDC).

5月31日，中国驻印度尼西亚大使刘建超（前右一）在印度尼西亚苏拉威西矿业有限公司矿业园区进行调研。

On 31 May, the Chinese Ambassador to Indonesia Liu Jianchao (first from right in the front) visited the mining park of SMI, Indonesia.

Le 31 mai, l'Ambassadeur de Chine en Indonésie Liu Jianchao (1er plan, 1er à droite) visite la zone d'industrie minière de la Sulawesi Mining Investment Co., Ltd en Indonésie.

7月16日，中国驻俄罗斯大使李辉（前左二）在俄罗斯车里雅宾斯克出席中国公司承建的车里雅宾斯克钢厂轨梁项目竣工投产仪式。（上图）

12月27日，中国驻喀麦隆共和国大使沃瑞棣（前左六）出席由中国提供优惠贷款支持的喀麦隆电子邮政项目竣工交接仪式。（下图）

On 16 July, the Chinese Ambassador to Russia Li Hui (second from left in the front) attended a ceremony marking the completion and putting into operation of the rail-beam project of Chelyabinsk Metallurgical Plant, undertaken by China, in Chelyabinsk, Russia. (Upper picture)

On 27 December, the Chinese Ambassador to Cameroon Wo Ruidi (sixth from left in the front) attended the completion and handover ceremony of a Cameroonian electronic postal service project financed by preferential loans from China. (Lower picture)

Le 16 juillet, l'Ambassadeur de Chine en Russie Li Hui (1er plan, 2e à gauche) participe à Tcheliabinsk, en Russie, à la cérémonie de mise en production du projet des poutres-rails de l'Usine d'acier de Tcheliabinsk réalisé par une entreprise chinoise. (Photo en haut)

Le 27 décembre, l'Ambassadeur de Chine au Cameroun Wo Ruidi (1er plan, 6e à gauche) participe à la cérémonie de remise du projet « e-poste » financé par des crédits préférentiels chinois. (Photo en bas)

第五部分

打造海外民生工程

二零一三年，中国同外部世界的相互交融不断加深，人员交往规模持续扩大，越来越多的中国公民和企业走出国门，外交服务发展的要求更高，领事保护与服务需求更大。

『人民对美好生活的向往，就是我们的奋斗目标』。这一年，中国外交坚持胸怀人民、植根人民、造福人民的理念，锐意进取，攻坚克难，积极服务企业海外发展，切实维护海外公民合法权益，大力促进中外人员交往，扎实推进预防性领事保护工作，不断推出便民、利民、惠民领事服务新举措，提高服务水平，以实际行动打造海外民生工程，为服务国家发展、维护人民利益作出重要贡献。

Part 5

Protection and Services for Overseas Chinese

In 2013, China was more closely connected to the rest of the world as people-to-people exchanges continued to expand. The increasing number of overseas travels and business operations called for a higher standard of Chinese citizens service and created a greater demand for consular protection and service.

"To meet the people's desire for a happy life is our mission." In 2013,China adhered to the principle of caring for the people, taking roots in the people and bringing benefits to the people as it pressed ahead in its diplomacy despite various challenges. Enormous efforts were made to provide service to Chinese enterprises overseas, protect the lawful rights of overseas Chinese citizens, promote people-to-people exchanges between China and other countries, and push forward with preventive consular protection. A series of new measures of consular assistance were taken to provide our citizens with more convenience, greater benefits and higher level of service. These concrete efforts of building up protection and service for overseas Chinese were an important contribution to the development of the country and safeguarding people's interests.

Partie 5

Protection et services pour les Chinois d'outre-mer

En 2013, la Chine s'est intégrée davantage dans le monde. Les échanges de personnes ont continué à s'élargir, et les citoyens et entreprises chinois ont été plus nombreux à sortir du pays, d'où des exigences plus grandes en matière de services diplomatiques et des besoins croissants pour la protection et les services consulaires.

« Une vie meilleure à laquelle aspire le peuple est l'objectif de notre action. » Cette année, la diplomatie chinoise, fidèle aux principes dits « se soucier du peuple, s'enraciner dans le peuple et servir le peuple », et dans un esprit novateur et entreprenant, a surmonté nombre de difficultés pour servir activement le développement des entreprises chinoises en outre-mer, défendre effectivement les droits et intérêts légitimes des ressortissants chinois à l'étranger, promouvoir énergiquement les échanges humains entre la Chine et les autres pays et faire progresser à pas assurés la protection consulaire préventive. De nouvelles mesures ont été prises pour mieux faire bénéficier au peuple des services consulaires d'une meilleure qualité. À travers ces actions concrètes, la protection et les services pour les Chinois d'outre-mer ont contribué grandement au développement du pays et à la préservation des intérêts du peuple.

9月7日，国家主席习近平（左）在阿斯塔纳与哈萨克斯坦总统纳扎尔巴耶夫共同出席中哈企业家委员会成立大会。

On 7 September, President Xi Jinping (left) and Kazakh President Nursultan Nazarbayev attended the inauguration ceremony of the China-Kazakhstan Entrepreneurs Committee in Astana.

Le 7 septembre, le Président Xi Jinping (à gauche) et le Président kazakh Noursoultan Nazarbaïev participent ensemble à la cérémonie d'inauguration du Comité des entrepreneurs chinois et kazakhs à Astana.

11月27日，国务院总理李克强（前左一）在罗马尼亚布加勒斯特参观中资企业。

On 27 November, Premier of the State Council Li Keqiang (first from left in the front) visited a Chinese enterprise in Bucharest, Romania.

Le 27 novembre, le Premier Ministre du Conseil des Affaires d'État Li Keqiang (1er plan, 1er à gauche) visite une entreprise chinoise à Bucarest, en Roumanie.

9月9日，中共中央政治局常委、中央书记处书记刘云山（前左二）在斯里兰卡科伦坡考察中国企业承建的班达拉奈克国际会议中心翻新工地。

On 9 September, Liu Yunshan (second from left in the front), member of the Standing Committee of the Political Bureau of the CPC Central Committee and member of the Secretariat of the CPC Central Committee, inspected the renovation project of the Bandaranaike Memorial International Conference Hall undertaken by a Chinese enterprise in Colombo, Sri Lanka.

Le 9 septembre, M. Liu Yunshan (1er plan, 2e à gauche), membre du Comité permanent du Bureau politique et du Secrétariat du CC du PCC, visite à Colombo, à Sri Lanka, le chantier des travaux de rénovation du Bandaranaike Memorial International Conference Hall, pris en charge par une entreprise chinoise.

12月11日，国务院副总理刘延东在缅甸内比都会见中资机构代表。

On 11 December, Vice Premier Liu Yandong met with representatives from local Chinese enterprises in Nay Pyi Taw, Myanmar.

Le 11 décembre, le Vice-Premier Ministre du Conseil des Affaires d'État Liu Yandong rencontre les représentants des institutions chinoises à Nay Pyi Taw, au Myanmar.

9月23日，由商务部和印商工部共同举办的中印企业对接签约会仪式在德里举办。

On 23 September, Chinese Ministry of Commerce and Indian Ministry of Commerce and Industry jointly held the China-India Business Matchmaking Symposium in Delhi.

Le 23 septembre, organisée conjointement par le Ministère du Commerce et le Ministère indien du Commerce et de l'Industrie, la cérémonie de signature de partenariats entre des entreprises chinoises et indiennes s'est tenue à Delhi.

12月21日，中国驻哈萨克斯坦大使乐玉成（前右二）赴中国石油天然气集团公司热德拜油田现场考察。（上图）

4月11日，外交部领事司官员在新德里中方承建的地铁项目工地考察安保工作情况。（下图）

On 21 December, the Chinese Ambassador to Kazakhstan Le Yucheng (second from right in the front) inspected the CNPC Zhetybay oil field. (Upper picture)

On 11 April, officials from the Department of Consular Affairs of the Foreign Ministry inspected the safety work at the construction site of a subway project in New Delhi. The project was undertaken by the Chinese side. (Lower picture)

Le 21 décembre, l'Ambassadeur de Chine au Kazakhstan Le Yucheng (1er plan, 2e à droite) visite le champ pétrolifère de Zhetybai de CNPC. (Photo en haut)

Le 11 avril, des officiels du Département des Affaires consulaires du Ministère des Affaires étrangères effectuent une inspection sur les mesures sécuritaires mises en œuvre sur un chantier de métro à New Delhi pris en charge par la Chine. (Photo en bas)

2月27日，中国驻埃及大使宋爱国（前右一）与外交部工作组在开罗机场探望并慰问卢克索热气球坠毁事故香港遇难同胞家属。（上图）

3月28日，中国驻温哥华总领事馆官员与加拿大皇家骑警官员进行交流，妥善处理涉及中国公民的领事保护案件。（中图）

4月19日，中国驻美国大使崔天凯看望在波士顿马拉松爆炸案中受伤的中国留学生后，向媒体通报相关情况。（下图）

On 27 February, the Chinese Ambassador to Egypt Song Aiguo (first from right in the front) and the Foreign Ministry working group expressed sympathy to the families of the Hong Kong victims of the Luxor hot-air balloon crash. The ambassador met with them at the Cairo Airport. (Upper picture)

On 28 March, officials from the Chinese Consulate-General in Vancouver met with the Royal Canadian Mounted Police on proper handling of consular protection cases involving Chinese citizens. (Middle picture)

On 19 April, The Chinese Ambassador to the United States Cui Tiankai met the press after visiting the injured Chinese student in the Boston Marathon bombing. (Lower picture)

Le 27 février, l'Ambassadeur de Chine en Égypte Song Aiguo (1er plan, 1er à droite) et le groupe de travail du Ministère des Affaires étrangères rendent visite, à l'aéroport du Caire, aux familles des victimes hongkongaises de l'accident de montgolfière à Louxor pour exprimer à celles-ci leur solidarité. (Photo en haut)

Le 28 mars, des officiels du Consulat général de Chine à Vancouver procèdent avec des officiels de la Gendarmerie royale du Canada à des échanges de vues sur le traitement adéquat des affaires de protection consulaire concernant des citoyens chinois. (Photo au milieu)

Le 19 avril, l'Ambassadeur de Chine aux États-Unis Cui Tiankai rencontre la presse après avoir rendu visite à l'étudiante chinoise blessée dans les attentats du marathon de Boston. (Photo en bas)

7月7日，中国驻旧金山总领事袁南生（中）看望并慰问搭乘韩亚航空失事客机的中国公民。

On 7 July, The Chinese Consul-General in San Francisco Yuan Nansheng (center) visited the Chinese passenger injured in the Asiana Airlines plane crash and wished him a speedy recovery.

Le 7 juillet, le Consul général de Chine à Los Angeles Yuan Nansheng (au milieu) rend visite et exprime sa sympathie aux passagers chinois après l'accident d'avion d'Asiana Airlines.

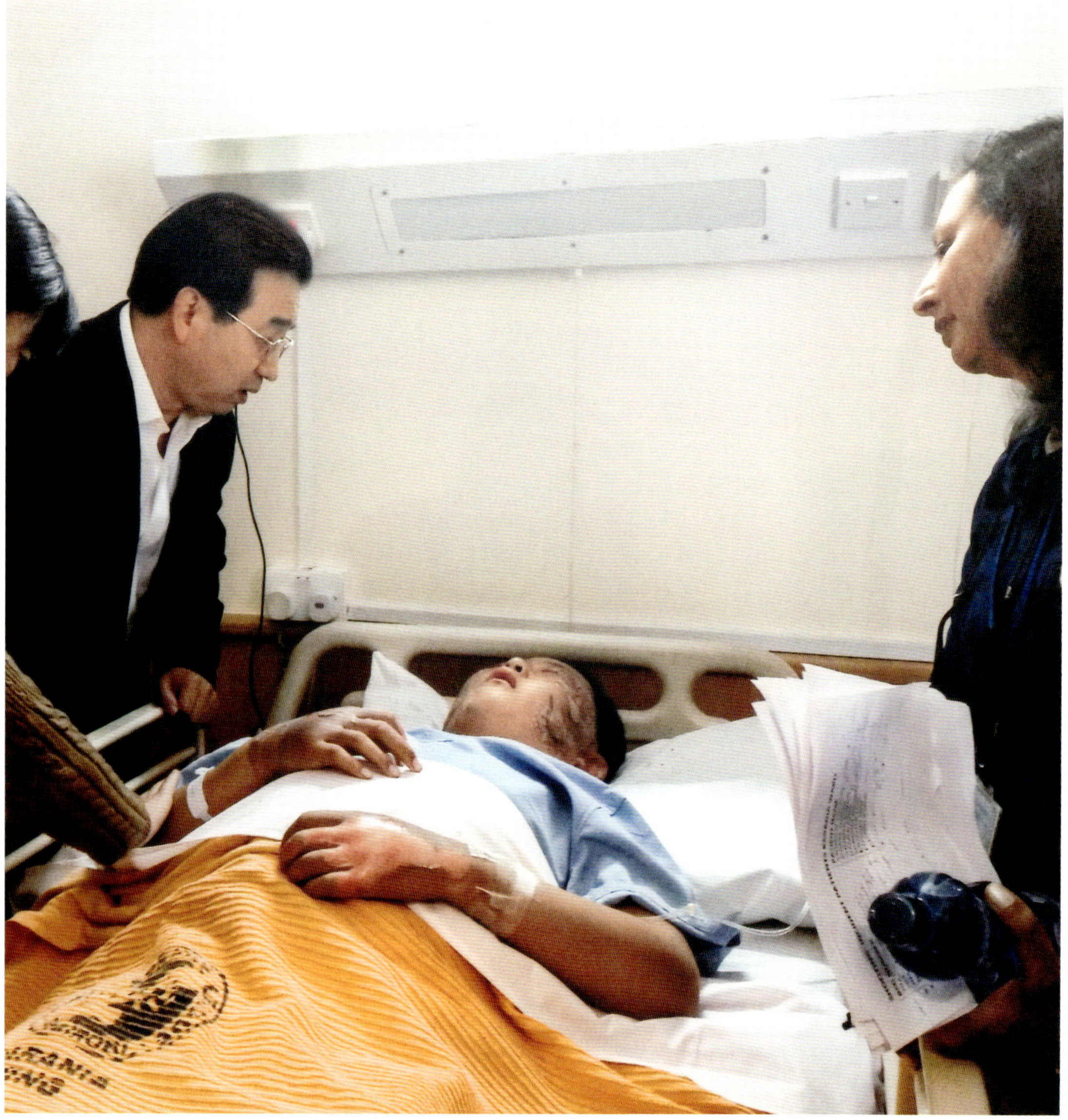

9月22日，中国驻肯尼亚大使刘光源（左）看望在肯尼亚购物中心恐怖袭击事件中受伤的中国籍伤员。

On 22 September, the Chinese Ambassador to Kenya Liu Guangyuan (left) visited the Chinese victim in the terrorist attack in a Kenyan shopping mall.

Le 22 septembre, l'Ambassadeur de Chine au Kenya Liu Guangyuan (à gauche) rend visite à un ressortissant chinois blessé dans l'attaque terroriste d'un centre commercial kenyan.

12月19日，在吉尔吉斯斯坦的中国公民向中国驻吉尔吉斯斯坦使馆赠送锦旗，感谢使馆提供的领事保护服务。

On 19 December, local Chinese citizens sent a banner to the Chinese Embassy in Kyrgyzstan to express their appreciation for the embassy's consular protection service.

Le 19 décembre, des ressortissants chinois offrent une bannière de soie à l'Ambassade de Chine au Kirghizistan pour la remercier de ses services de protection consulaire.

中国内地居民出境人数统计图（2010—2013年）

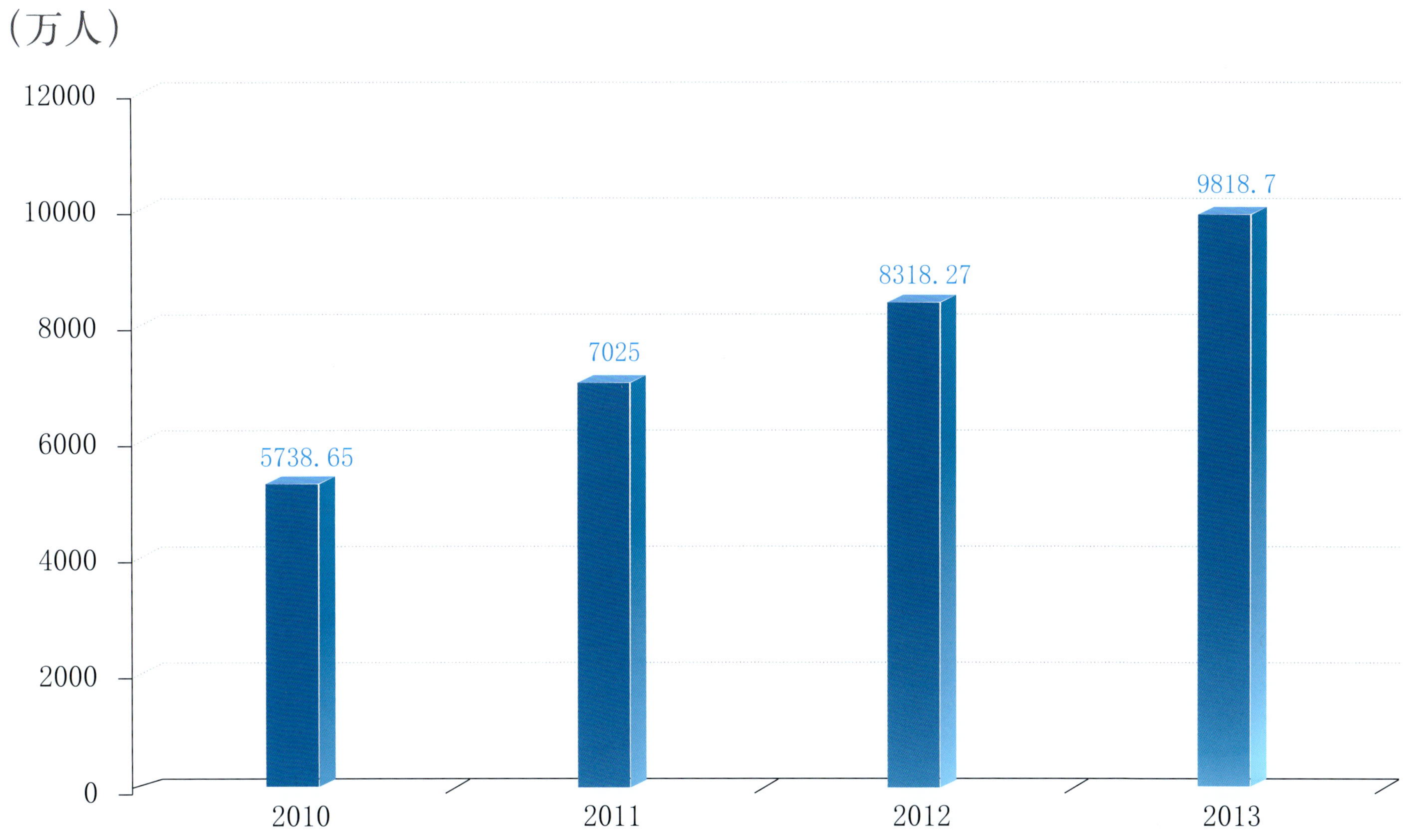

2013年，中国内地居民出境共9818.70万人次，同比增长18.04%。这是中国内地居民出境人次连续四年以年均1200万的数量增长。

In 2013, citizens in mainland China made 98.187 million outbound visits, up by 18.04% year on year. This is the fourth consecutive year to see a 12 million annual increase in the number of such visits.

En 2013, le nombre de voyages à l'extérieur effectués par les habitants de la partie continentale de la Chine a atteint 98,187 millions, soit une hausse de 18,04% par rapport à l'année précédente, faisant de 2013 la quatrième année consécutive où ce nombre a connu une augmentation annuelle de 12 millions.

5月3日，中国驻奥什总领事馆开馆。（上图）

12月25日，中国驻琅勃拉邦总领事馆开馆。（下图）

On 3 May, the Chinese Consulate-General in Osh, Kyrgyzstan was opened. (Upper picture)

On 25 December, the Chinese Consulate-General in Luang Prabang, Laos was opened. (Lower picture)

Le 3 mai est inauguré le Consulat général de Chine à Osh. (Photo en haut)

Le 25 décembre est inauguré le Consulat général de Chine à Luang Prabang. (Photo en bas)

8月29日，外交部部长助理张明（前左二）在毛里求斯共和国路易港与毛里求斯外交部长布莱尔（前右二）分别代表本国政府签署《中华人民共和国政府和毛里求斯共和国政府关于互免签证的协定》。

On 29 August, Assistant Foreign Minister Zhang Ming (second from left in the front) and Mauritian Foreign Minister Boolell (second from right in the front) signed the *Agreement on Mutual Visa Exemption Between the Government of the People's Republic of China and the Government of the Republic of Mauritius* on behalf of their respective government in Port Louis, Republic of Mauritius.

Le 29 août, le Ministre assistant des Affaires étrangères Zhang Ming (1er plan, 2e à gauche) et le Ministre mauricien des Affaires étrangères, de l'Intégration régionale et du Commerce international Arvin Boolell (1er plan, 2e à droite) signent au nom de leurs gouvernements respectifs l'*Accord relatif à l'exemption mutuelle de visas entre le gouvernement de la République populaire de Chine et le gouvernement de la République de Maurice*, à Port-Louis, en République de Maurice.

12月19日，外交部副部长谢杭生（前左二）与巴哈马国外交与移民部长弗雷德里克·米切尔（前右二）在巴哈马拿骚签署《中华人民共和国政府和巴哈马国政府关于互免签证的协定》。

On 19 December, Vice Foreign Minister Xie Hangsheng (second from left in the front) and Bahamian Minister of Foreign Affairs and Immigration Frederick Mitchell (second from right in the front) signed the *Agreement on Mutual Visa Exemption Between the Government of the People's Republic of China and the Government of the Commonwealth of the Bahamas* in Nassau, Bahamas.

Le 19 décembre, le Vice-Ministre des Affaires étrangères Xie Hangsheng (1er plan, 2e à gauche) et le Ministre bahamien des Affaires étrangères et de l'Immigration Frederick Mitchell (1er plan, 2e à droite) signent à Nassau, aux Bahamas, l'*Accord relatif à l'exemption mutuelle de visas entre le gouvernement de la République populaire de Chine et le gouvernement du Commonwealth des Bahamas*.

5月6日至9日，中国与澳大利亚签证工作座谈会在黑龙江哈尔滨举行。（上图）

9月25日，外交部领事司在韩国首尔与韩国外交通商部在外同胞领事局举行中韩第15轮双边领事磋商。（下图）

From 6 to 9 May, the Sino-Australia Visa Conference was held in Harbin, Heilongjiang. (Upper picture)

On 25 September, the Department of Consular Affairs of the Chinese Foreign Ministry and the Overseas Koreans and Consular Affairs Bureau of the ROK Foreign Ministry held the 15th round of China-ROK Consular Affairs Consultation in seoul, the Republic of korea. (Lower picture)

Du 6 au 9 mai, la Conférence sino-australienne sur le visa s'est tenue à Harbin, au Heilongjiang. (Photo en haut)

Le 25 septembre, le Département des Affaires consulaires du Ministère des Affaires étrangères et le Bureau des Coréens d'outre-mer et des Affaires consulaires du Ministère des Affaires étrangères de la République de Corée tiennent à Séoul le 15e tour des Consultations Chine-République de Corée sur les affaires consulaires. (Photo en bas)

预防性领事保护

8月28日，外交部领事司开展领事保护宣传服务周活动。（上图）

12月13日，北京市境外人员和机构安全保护工作联席会议第二次会议召开。（下图）

On 28 August, the Department of Consular Affairs of the Foreign Ministry launched the consular protection publicity week. (Upper picture)

On 13 December, the second meeting of the Beijing Joint Conference on the Safety of Overseas Citizens and Institutions was held. (Lower picture)

Le 28 août, le Département des Affaires consulaires du Ministère des Affaires étrangères lance une semaine de sensibilisation sur la protection consulaire. (Photo en haut)

Le 13 décembre se réunit pour la deuxième fois la Conférence conjointe de Beijing sur la sécurité des ressortissants et institutions à l'étranger. (Photo en bas)

1 3
2

1 6月29日，中国驻纳米比亚大使忻顺康（右三）在温得和克中国商城看望中国商户。

2 10月12日至16日，中国驻巴基斯坦大使孙卫东（前左二）走访巴基斯坦北部地区，考察当地侨胞情况。

3 12月12日，中国驻牙买加大使董晓军（右二）走访牙买加金斯敦下城地区，看望华商并考察当地治安状况。

1 On 29 June, the Chinese Ambassador to Namibia Xin Shunkang (third from right) visited Chinese business owners in a Chinese shopping center in Windhoek.

2 From 12 to 16 October, the Chinese Ambassador to Pakistan Sun Weidong (second from left in the front) was in northern Pakistan on a fact-finding mission about the lives of local Chinese citizens.

3 On 12 December, the Chinese Ambassador to Jamaica Dong Xiaojun (second from right) visited Downtown Kingston, Jamaica. He met with local Chinese businessmen and learned about local security situation.

1 Le 29 juin, l'Ambassadeur de Chine en Namibie Xin Shunkang (3e à droite) rend visite à des commerçants chinois dans un centre commercial chinois à Windhoek.

2 Du 12 au 16 octobre, l'Ambassadeur de Chine au Pakistan Sun Weidong (1er plan, 2e à gauche) rend visite à des ressortissants chinois dans le nord du Pakistan.

3 Le 12 décembre, l'Ambassadeur de Chine en Jamaïque Dong Xiaojun (2e à droite) se rend dans un quartier du bas de Kingston pour rencontrer des commerçants chinois et s'informer de la situation sécuritaire sur place.

10月31日，外交部长王毅（前左一）在巴黎视察中国签证申请服务中心并与华人交谈。

On 31 October, Foreign Minister Wang Yi (first from left in the front) inspected the China Visa Application Service Centre in Paris and chatted with local Chinese.

Le 31 octobre, le Ministre des Affaires étrangères Wang Yi (1er plan, 1er à gauche) visite le Centre des services de visa à Paris et converse avec des ressortissants chinois.

12月12日，中国驻法国使馆在巴黎为海外中国公民受理并签发第一本带指纹信息的电子普通护照。

On 12 December, the Chinese Embassy in France issued the first electronic regular passport carrying fingerprint information to a Chinese applicant in France.

Le 12 décembre, l'Ambassade de Chine en France délivre le premier passeport ordinaire électronique avec des empreintes digitales à un ressortissant chinois à l'étranger.

9月26日，中国驻马尔代夫大使余洪耀（右七）出席《中国公民在马尔代夫旅游度假温馨提示》首发仪式。（上图）

10月12日，中国驻芝加哥总领事馆领事官员赴美国明尼苏达州为中国侨民提供领事证件服务。（下图）

On 26 September, the Chinese Ambassador to the Maldives Yu Hongyao (seventh from right) attended the launching ceremony of *A Guide for Chinese Citizens Holidaying in the Maldives*. (Upper picture)

On 12 October, officials from the Chinese Consulate-General in Chicago went to Minnesota, the United States, to provide consular certificate service to Chinese nationals. (Lower picture)

Le 26 septembre, l'Ambassadeur de Chine aux Maldives Yu Hongyao (7e à droite) participe à la cérémonie de lancement du *Guide pour les citoyens chinois en vacances aux Maldives*. (Photo en haut)

Le 12 octobre, des officiels du Consulat général de Chine à Chicago se rendent à l'État américain du Minnesota pour fournir des prestations consulaires à des ressortissants chinois. (Photo en bas)

提高领事服务水平

10月10日，外交部举行中外媒体吹风会，就推出改进国外护照服务系列措施介绍有关情况。

On 10 October, the Foreign Ministry held a press briefing for Chinese and foreign media on the new measures to improve passport service for overseas Chinese nationals.

Le 10 octobre, le Ministère des Affaires étrangères tient une réunion d'information pour les médias chinois et étrangers sur les nouvelles mesures visant à améliorer les services de passeport destinés aux ressortissants chinois à l'étranger.

3 1 2

1 2月，《中华人民共和国领事条约集（1959—2011）》正式出版发行。

2 7月1日，《中华人民共和国出境入境管理法》正式实施。

3 12月2日，新版中国领事服务网上线运行，为公众提供更加便捷优质的领事服务。

1 In February, the *Consular Treaty Series of the People's Republic of China 1959–2011* was published.

2 On 1 July, the *Exit and Entry Administration Law of the People's Republic of China* came into force.

3 On 2 December, the new website of China Consular Service was launched to provide the public with better and more convenient consular service.

1 En février est publié *Le Recueil des Traités consulaires de la République populaire de Chine (1959-2011)*.

2 Le 1er juillet entre en vigueur la *Loi de la République populaire de Chine sur le contrôle des entrées et sorties*.

3 Le 2 décembre, le nouveau site web des Services consulaires de Chine est mis en service pour fournir au public des prestations plus rapides et de meilleure qualité.

第六部分

交流互鉴 传承友谊

二零一三年，中国以更加开放的胸襟、更加积极的姿态开展各领域外交工作，增进不同文明的相互理解，加深同各国的友好情谊。

这一年，中国领导人与外国各界人士广泛交流，广交朋友，广结善缘，讲好中国故事，宣示中国立场。外交部和驻外使领馆通过举办『文化周』、『开放日』等活泼、生动的公共外交活动，让中国进一步走向世界，让世界更好地了解中国。中国同各国党际、军事、地方、科技、教育、卫生等领域交流不断扩大，合作日益密切。中外人文交流丰富多彩，中华文明与世界多元文化交流互鉴，形成一道亮丽的风景线，向国际社会展示了文明、开放、包容的中国形象。

陆

Part 6

Carrying Forward Friendship Through Exchanges and Mutual Learning

In 2013, China adopted a more open and proactive attitude in its diplomacy in all areas, promoting mutual understanding among different civilizations and enhancing its friendship with all countries.

Over the year, Chinese leaders reached out extensively to people from all walks of life in foreign countries, building bonds of friendship, telling the true story about China and sharing China's perspectives. Through such lively and pleasant public diplomacy events as "cultural week" and "open day", the Foreign Ministry and China's overseas diplomatic missions created still more opportunities for China to meet the world and for the world to gain a deeper understanding of China. China expanded its exchanges and intensified its cooperation with other countries involving political parties, the military and local governments, and in the areas of science and technology, education and health. Through such diverse and colorful people-to-people and cultural exchanges, the Chinese civilization and the various civilizations in the world communicated with and learned from each other, commanding world attention and showcasing to the world an image of a modern, open and inclusive China.

Partie 6

Promouvoir l'amitié par les échanges et l'inspiration mutuelle

En 2013, la Chine s'est montrée plus ouverte et plus active dans son action diplomatique sur tous les plans, de sorte à promouvoir la compréhension mutuelle entre les différentes civilisations et à approfondir ses liens d'amitié avec les autres pays du monde.

Au cours de cette année, les dirigeants chinois ont eu de larges échanges avec des personnalités étrangères des différents milieux pour se faire des amis à travers le monde, bien raconter l'histoire de la Chine et faire connaître les positions chinoises. En organisant des activités dynamiques et vivantes dans le cadre de la diplomatie publique comme des « semaines culturelles » et des « journées ouvertes », le Ministère des Affaires étrangères et les missions diplomatiques à l'étranger ont rapproché davantage la Chine du reste du monde et fait mieux connaître la Chine. Les échanges et la coopération entre la Chine et les différents pays dans le monde au niveau des partis politiques et des collectivités locales ainsi que dans les domaines militaire, scientifique, technologique, éducatif et sanitaire se sont sans cesse élargis et intensifiés. Les échanges socioculturels de la Chine avec l'extérieur riches et variés, ainsi que l'inspiration mutuelle entre la civilisation chinoise et les diverses cultures du monde ont offert un paysage pittoresque, montrant à la communauté internationale une Chine ouverte, inclusive et hautement civilisée.

3月30日，国家主席习近平（左二）与刚果（布）总统萨苏（前右二）在布拉柴维尔出席恩古瓦比大学图书馆启用和中国馆揭牌仪式，并同学习中文的师生亲切交流。

On 30 March, President Xi Jinping (second from left) and President Denis Sassou Nguesso (second from right in the front) of the Republic of Congo attended the inauguration ceremony of the Marien Ngouabi University Library and the Chinese Multimedia Library in Brazzaville and talked with students and teachers of the Chinese language.

Le 30 mars, le Président Xi Jinping (2e à gauche) et le Président de la République du Congo Denis Sassou Nguesso (1er plan, 2e à droite) participent à Brazzaville à la cérémonie d'inauguration de la Bibliothèque de l'Université de Marien Ngouabi et de dévoilement de la Médiathèque chinoise, et ont des échanges cordiaux avec des enseignants et étudiants de chinois.

6月3日，国家主席习近平（前左二）和夫人彭丽媛（前左一）在哥斯达黎加走访当地农户。

On 3 June, President Xi Jinping (second from left in the front) and his wife Madame Peng Liyuan (first from left in the front) visited a local rural household in Costa Rica.

Le 3 juin, le Président Xi Jinping (1er plan, 2e à gauche) et son épouse Peng Liyuan (1er plan, 1ère à gauche) rendent visite à une famille de paysans au Costa Rica.

10月2日，国家主席习近平（前右二）和夫人彭丽媛（前左二）在雅加达出席印度尼西亚总统苏西洛（前右一）举行的欢迎宴会。

On 2 October, President Xi Jinping (second from right in the front) and Madame Peng Liyuan (second from left in the front) attended the welcoming ceremony held by Indonesian President Susilo Bambang Yudhoyono (first from right in the front) in Jakarta.

Le 2 octobre, le Président Xi Jinping (1er plan, 2e à droite) et son épouse Peng Liyuan (1er plan, 2e à gauche) participent, à Jakarta, au banquet de bienvenue donné en leur honneur par le Président de la République d'Indonésie Susilo Bambang Yudhoyono (1er plan, 1er à droite).

5月15日，国务院总理李克强（前右一）在北京会见中国和印度青年代表。（上图）

5月24日，国务院总理李克强（前左二）在瑞士苏黎世参观古尔登贝格家庭农庄并与农庄主一家交谈。（下图）

On 15 May, Premier of the State Council Li Keqiang (first from right in the front) met with representatives of Chinese and Indian young people. (Upper picture)

On 24 May, Premier of the State Council Li Keqiang (second from left in the front) visited the Guldenberg Farm in Zurich, Switzerland and talked with the owners' family. (Lower picture)

Le 15 mai, le Premier Ministre du Conseil des Affaires d'État Li Keqiang (1er plan, 1er à droite) rencontre à Beijing des représentants de la jeunesse chinoise et indienne. (Photo en haut)

Le 24 mai, le Premier Ministre du Conseil des Affaires d'État Li Keqiang (1er plan, 2e à gauche) visite à Zurich, en Suisse, la ferme familiale Guldenberg et converse avec la famille du propriétaire de la ferme. (Photo en bas)

Leaders in infrastructure development
AVENG GROUP
Leaders in infrastruc
VENG GROUP

12月10日，国家主席习近平特别代表、国家副主席李源潮在南非约翰内斯堡出席南非政府为前总统曼德拉举行的大型官方追悼活动并致辞。

On 10 December, Vice President Li Yuanchao, as Special Representative of President Xi Jinping, attended and addressed the official memorial event for former President Nelson Mandela of South Africa held by the South African government in Johannesburg.

Le 10 décembre, le Représentant spécial du Président Xi Jinping et Vice-Président Li Yuanchao participe, à Johannesbourg, en Afrique du Sud, aux funérailles officielles de l’ancien Président sud-africain Nelson Mandela, organisées par le gouvernement sud-africain, et y prononce une allocution.

8月7日，中国驻南非大使田学军（后左二）与南非总统祖马夫人恩盖玛（后左三）看望南非马米罗迪SOS儿童村儿童。（上图）

10月22日，中国驻英国大使刘晓明（左四）出席英国48家集团俱乐部和中国驻英国使馆联合举行的“破冰者”招待会，并为推动中英交流合作作出杰出贡献的中英两国人士颁奖。（中图）

10月23日，中国驻斐济大使黄勇（前左二）与参观使馆的斐济艾哈迈迪亚穆斯林小学师生合影。（下图）

On 7 August, the Chinese Ambassador to South Africa Tian Xuejun (second from left in the back) and Mrs. Gongi Ngema-Zuma (third from left in the back), wife of the South African President, visited the children in the SOS Mamelodi Children's Village in South Africa. (Upper picture)

On 22 October, the Chinese Ambassador to the UK Liu Xiaoming (fourth from left) attended the "Icebreakers" reception jointly held by the 48 Group Club and the Chinese Embassy in the UK, and presented awards to people from both countries who made outstanding contribution to China-UK exchanges and cooperation. (Middle picture)

On 23 October, the Chinese Ambassador to Fiji Huang Yong (second from left in the front) took a group photo with the visiting students and teachers of the Ahamadiyya Muslim Primary School in the embassy. (Lower picture)

Le 7 août, l'Ambassadeur de Chine en Afrique du Sud Tian Xuejun (dernier plan, 2e à gauche) et Mme Gongi Ngema-Zuma (dernier plan, 3e à gauche), épouse du Président sud-africain, rendent visite aux enfants du Village d'enfants SOS de Mamelodi en Afrique du Sud. (Photo en haut)

Le 22 octobre, l'Ambassadeur de Chine au Royaume-Uni Liu Xiaoming (4e à gauche) participe à la réception « Icebreakers » tenue conjointement par le 48 Group Club et l'Ambassade de Chine au Royaume-Uni et remet des prix aux personnalités des deux pays ayant apporté une contribution remarquable au développement des échanges et coopérations sino-britanniques. (Photo au milieu)

Le 23 octobre, l'Ambassadeur de Chine aux Fidji Huang Yong (1er plan, 2e à gauche) pose pour une photo de famille avec les élèves et enseignants de l'École primaire musulmane Ahamadiyya en visite à l'Ambassade. (Photo en bas)

3月19日，国家主席习近平（右一）在赴德班出席金砖国家领导人第五次会晤前夕在北京接受金砖国家媒体联合采访。

On 19 March, President Xi Jinping (first from right) gave a joint interview to media from BRICS countries on the eve of his visit to Durban for the fifth BRICS Summit.

Le 19 mars, à la veille de son départ pour la 5e Rencontre des dirigeants du BRICS à Durban, le Président Xi Jinping (1er à droite) accorde à Beijing une interview aux médias des pays du BRICS.

5月20日，国务院总理李克强（前右二）在新德里出席印度总理辛格举行的欢迎仪式后回答记者提问。

On 20 May, Premier of the State Council Li Keqiang (second from right in the front) answered questions from the press in New Delhi after attending the welcoming ceremony held by Indian Prime Minister Manmohan Singh.

Le 20 mai, le Premier Ministre du Conseil des Affaires d'État Li Keqiang (1er plan, 2e à droite) répond aux questions des journalistes après la cérémonie d'accueil tenue par le Premier Ministre indien Manmohan Singh à New Delhi.

5月18日，全国政协主席俞正声在浙江杭州出席太湖文化论坛第二届年会开幕式，并发表题为《加强国际合作，建设生态文明》的主旨讲话。

On 18 May, CPPCC Chairman Yu Zhengsheng attended the opening ceremony of the Second Annual Conference of the Taihu World Cultural Forum in Hangzhou, Zhejiang Province, and delivered a keynote speech entitled *Strengthening International Cooperation and Promoting a Conservation Culture*.

Le 18 mai, le Président du Comité national de la CCPPC Yu Zhengsheng participe à la cérémonie d'ouverture de la 2e Conférence annuelle du Forum culturel mondial Taihu à Hangzhou, dans la province du Zhejiang, et prononce un discours liminaire intitulé *Renforcer la coopération internationale et promouvoir la civilisation écologique*.

7月31日，中共中央政治局委员、中央书记处书记、中宣部部长刘奇葆（右二）在北京会见出席第五届"中韩媒体高层对话"的韩方代表团。

On 31 July, Liu Qibao (second from right), member of the Political Bureau of the CPC Central Committee, member of the Secretariat of the CPC Central Committee and head of the Publicity Department of the CPC Central Committee, met with the ROK delegation to the fifth High-Level Dialogue of China-ROK Media.

Le 31 juillet, Liu Qibao (2e à droite), membre du Bureau politique, membre du Secrétariat et Chef du Département de la Communication du CC du PCC, reçoit à Beijing la délégation de la République de Corée pour le 5e dialogue de haut niveau entre les médias de la Chine et de la République de Corée.

6月27日，国家副主席李源潮在北京出席第二届世界和平论坛开幕式。

On 27 June, Vice President Li Yuanchao attended the opening ceremony of the second World Peace Forum in Beijing.

Le 27 juin, le Vice-Président Li Yuanchao participe à la cérémonie d'ouverture du 2e Forum mondial de la paix à Beijing.

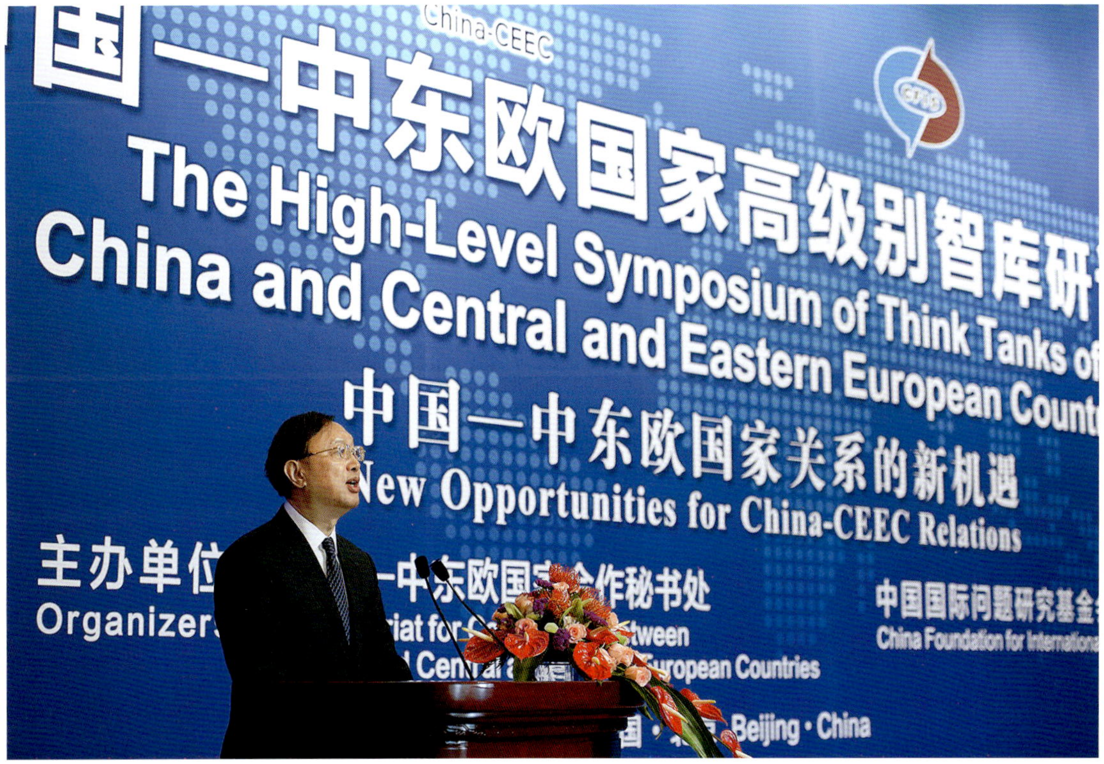

12月19日，国务委员杨洁篪在北京出席首届中国—中东欧国家高级别智库研讨会开幕式并讲话。（上图）

12月25日，外交部公共外交办公室与中国国际广播电台在外交部联合举办“走进外交部，走近中国外交——2013年中国外交纵横谈”主题见面会。外交部多位官员和大使作为嘉宾出席活动。（下图）

On 19 December, State Councilor Yang Jiechi attended the first High-Level Symposium of Think Tanks of China and Central and Eastern European Countries and delivered a speech. (Upper picture)

On 25 December, Public Diplomacy Office of the Ministry of Foreign Affairs and China Radio International jointly held the meeting of “A Close Look at the Ministry of Foreign Affairs and China’s Diplomacy—China’s Diplomacy in 2013”. Some officials of the Ministry of Foreign Affairs and ambassadors attended the meeting as guests of honor. (Lower picture)

Le 19 décembre, le Conseiller d’État Yang Jiechi participe à Beijing à la cérémonie d’ouverture du premier Séminaire de haut niveau entre les think tanks de Chine et des pays de l’Europe centrale et orientale et y prononce une allocution. (Photo en haut)

Le 25 décembre, le Bureau de la diplomatie publique du Ministère des Affaires étrangères et la Radio Chine Internationale coorganisent au siège du Ministère la rencontre thématique « Un regard de près sur le Ministère des Affaires étrangères et la diplomatie chinoise — la diplomatie chinoise en 2013 ». Plusieurs officiels du Ministère et ambassadeurs y sont invités. (Photo en bas)

12月16日，中国公共外交协会会长李肇星在北京主持"新起点、新理念、新实践——2013：中国与世界"研讨会。

On 16 December, Chairman of the Public Diplomacy Association Li Zhaoxing hosted the seminar with the theme of *New Starting Point, New Thinking and New Practice—2013: China and the World* in Beijing.

Le 16 décembre, le Président de l'Association de la diplomatie publique de Chine Li Zhaoxing préside à Beijing le Séminaire « Nouveau point de départ, nouvelle idée et nouvelle pratique — 2013: la Chine et le monde ».

1月22日，中国驻奥地利大使赵彬（左一）在使馆就中欧关系、中国对外政策等问题接受奥地利国家广播电视台专访。

On 22 January, the Chinese Ambassador to Austria Zhao Bin (first from left) gave an exclusive interview in the embassy to Austrian Broadcasting on China-Europe relations and China's foreign policy.

Le 22 janvier, l'Ambassadeur de Chine en Autriche Zhao Bin (1er à gauche) accorde à l'Ambassade une interview exclusive à la Radiodiffusion autrichienne sur les relations sino-européennes, la politique étrangère de la Chine et d'autres sujets.

2月20日，中国驻波兰大使徐坚在波兰国防大学出席安全论坛并发表题为《求发展，谋和平：中国与世界携手同行》的演讲。

On 20 February, the Chinese Ambassador to Poland Xu Jian attended a security forum in Polish National Defense University and delivered a speech entitled *Seeking Peace and Development: China Goes Hand in Hand with the World*.

Le 20 février, l'Ambassadeur de Chine en Pologne Xu Jian participe à un forum sur la sécurité à l'Université de la Défense de Pologne et y prononce un discours intitulé *Rechercher le développement et la paix : la Chine avance la main dans la main avec le monde*.

9月10日，"外交小灵通"微博、微信邀请塔吉克斯坦驻华大使阿利莫夫（中）、哈萨克斯坦驻华使馆参赞华内实（左）、北京大学国际关系学院副院长关贵海（右）与网友围绕"国之交·民相亲"主题在线交流。

On 10 September, Tajik Ambassador Rashid Alimov (center), Kazakh Counsellor Amantay Kuanysh (left) and Deputy Dean of the College of International Relations of Peking University Guan Guihai (right) were invited to have an online interaction with the public on weibo and wechat of Wai Jiao Xiao Ling Tong (Diplo-Chat) about state-to-state relations and friendship among peoples.

Le 10 septembre, le Weibo et le Wechat de Waijiao Xiaolingtong (Diplo-Chat) invitent l'Ambassadeur du Tadjikistan en Chine Rashid Alimov (au milieu), le Conseiller à l'Ambassade du Kazakhstan en Chine Amantay Kuanysh (à gauche) et le Directeur adjoint de l'Institut des Relations internationales de l'Université de Beijing Guan Guihai (à droite) à échanger en ligne avec les internautes sur les relations interétatiques et l'amitié entre les peuples.

6月8日至12日，中国藏学家代表团访问意大利，并向意大利各界介绍西藏和其他藏区在经济发展、宗教自由和文化保护等方面的相关情况。

From 8 to 12 June, a delegation of Chinese Tibetologists visited Italy and talked about economic development, religious freedom and cultural protection in Tibet and other Tibetan-inhabited areas.

Du 8 au 12 juin, une délégation de tibétologues China's visite l'Italie et présente des informations aux différents milieux italiens sur le développement économique, la liberté religieuse et la protection culturelle au Tibet et dans les autres régions de peuplemenr ribérain.

7月8日，全国人大常委会委员长张德江在北京会见委内瑞拉统一社会主义党第一副主席、全国代表大会主席迪奥斯达多·卡韦略（左）。

On 8 July, NPC Chairman Zhang Dejiang met with First Vice President of the United Socialist Party of Venezuela and President of the National Assembly Diosdado Cabello (left).

Le 8 juillet, le Président du Comité permanent de l'APN Zhang Dejiang reçoit à Beijing le Premier Vice-Président du Parti socialiste unifié et Président de l'Assemblée nationale du Venezuela Diosdado Cabello (à gauche).

4月17日，中共中央政治局常委、全国政协主席俞正声在北京会见柬埔寨奉辛比克党主席诺罗敦·阿伦·拉斯美（左）。（上图）

5月8日，中共中央政治局常委、中央书记处书记刘云山在北京会见塞内加尔共和国争取共和联盟领导委员会委员、总统府国务部长姆巴耶·恩迪亚耶（左）。（下图）

On 17 April, member of the Standing Committee of the Political Bureau of the CPC Central Committee and CPPCC Chairman Yu Zhengsheng met with Chairman of Cambodian Funcinpec Party Norodom Arun Rasme (left). (Upper picture)

On 8 May, Liu Yunshan, member of the Standing Committee of the Political Bureau of the CPC Central Committee and member of the Secretariat of the CPC Central Committee, met with member of the National Directory of Alliance and Minister of State at the Presidency of the Republic of Senegal Mbaye Ndiaye (left). (Lower picture)

Le 17 avril, Yu Zhengsheng, membre du Comité permanent du Bureau politique du CC du PCC et Président du Comité national de la CCPPC, reçoit à Beijing la Présidente du Parti Funcinpec du Cambodge Norodom Arun Rasme (à gauche). (Photo en haut)

Le 8 mai, Liu Yunshan, membre du Comité permanent du Bureau politique et membre du Secrétariat du CC du PCC, rencontre à Beijing Mbaye Ndiaye (à gauche), membre du Comité directeur de l'Alliance pour la République et Ministre d'État auprès du Président de la République du Sénégal. (Photo en bas)

11月5日，中共中央政治局常委、中央纪委书记王岐山在北京会见老挝人民革命党中央政治局委员、中央书记处书记、中央纪委书记本通·吉马尼（左）。

On 5 November, Wang Qishan, member of the Standing Committee of the Political Bureau of the CPC Central Committee and Secretary of the Central Commission for Discipline Inspection of the CPC, met with Bounthong Chitmany (left), member of the Political Bureau, Secretary of the Central Secretariat and Director of Central Commission for Discipline Inspection of the Lao People's Revolutionary Party in Beijing .

Le 5 novembre, Wang Qishan, membre du Comité permanent du Bureau politique du CC du PCC et Secrétaire de la Commission centrale de Contrôle de la Discipline du PCC, rencontre à Beijing Bounthong Chitmany (à gauche), membre du Bureau politique du Comité central, membre du Secrétariat du Comité central et Secrétaire de la Commission centrale de Contrôle de la Discipline du Parti révolutionnaire populaire lao.

12月6日，中共中央政治局常委、中央纪委书记王岐山在北京会见缅甸联邦巩固与发展党副主席泰乌（左）。

On 6 December, Wang Qishan, member of the Standing Committee of the Political Bureau of the CPC Central Committee and Secretary of the Central Commission for Discipline Inspection of the CPC, met with Vice Chairman of Myanmar's Union Solidarity and Development Party U Htay Oo (left) in Beijing.

Le 6 décembre, Wang Qishan, membre du Comité permanent du Bureau politique du CC du PCC et Secrétaire de la Commission centrale de Contrôle de la Discipline du PCC, rencontre à Beijing le Vice-Président du Parti de la Solidarité et du Développement de l'Union du Myanmar U Htay Oo (à gauche).

4月9日，中共中央政治局委员、中央书记处书记、中组部部长赵乐际在北京会见厄瓜多尔主权祖国联盟运动总书记加洛·莫拉（左）。

On 9 April, Zhao Leji, member of the Political Bureau of the CPC Central Committee and head of the Organization Department of the CPC Central Committee, met with Galo Mora (left), National Executive Secretary of the Movimiento Alianza Pais of Ecuador, in Beijing.

Le 9 avril, Zhao Leji, membre du Bureau politique, membre du Secrétariat et Chef du Département de l'Organisation du CC du PCC, rencontre à Beijing le Secrétaire exécutif national de Movimiento Alianza Pais de l'Équateur Galo Mora (à gauche).

1月18日，中共中央政治局委员、新疆维吾尔自治区党委书记张春贤在新疆乌鲁木齐会见土耳其共和人民党主席凯末尔·科勒齐达奥卢（左）。

On 18 January, Zhang Chunxian, member of the Political Bureau of the CPC Central Committee and Secretary of the Party Committee of Xinjiang Uygur Autonomous Region, met with Chairman of the Republican People's Party of Turkey Kemal Kilicdaroglu (left).

Le 18 janvier, Zhang Chunxian, membre du Bureau politique du CC du PCC et Secrétaire du Comité du PCC pour la Région autonome ouïgoure du Xinjiang, rencontre à Urumqi, au Xinjiang, le Président du Parti républicain du peuple de la Turquie Kemal Kilicdaroglu (à gauche).

10月28日，中共中央政治局委员、中央军委副主席范长龙上将在北京会见巴基斯坦陆军参谋长阿什法克·佩尔韦兹·基亚尼（左）。（上图）

10月22日，中共中央政治局委员、中央军委副主席许其亮上将在北京会见波斯尼亚和黑塞哥维那国防部长泽凯里亚赫·奥斯米奇（左）。（下图）

On 28 October, General Fan Changlong, member of the Political Bureau of the CPC Central Committee and Vice Chairman of the Central Military Commission of the CPC, met with visiting Pakistani Chief of Army Staff General Ashfaq Parvez Kayani (left) in Beijing. (Upper picture)

On 22 October, General Xu Qiliang, member of the Political Bureau of the CPC Central Committee and Vice Chairman of the Central Military Commission of the CPC met with visiting Defense Minister Zekerijah Osmic (left) of Bosnia-Herzegovina in Beijing. (Lower picture)

Le 28 octobre, le Général Fan Changlong, membre du Bureau politique du CC du PCC et Vice-Président de la Commission militaire centrale, rencontre à Beijing le Chef d'État-major de l'Armée de terre pakistanaise Ashfaq Parvez Kayani (à gauche). (Photo en haut)

Le 22 octobre, le Général Xu Qiliang, membre du Bureau politique du CC du PCC et Vice-Président de la Commission militaire centrale, rencontre à Beijing le Ministre de la Défense de la Bosnie-Herzégovine Zekerijah Osmic (à gauche). (Photo en bas)

8月22日，国务委员兼国防部长常万全上将（前右）在加拿大渥太华与加拿大国防部长罗伯特·尼科尔森（前左）举行会谈，并共同签署《中国人民解放军与加拿大军队合作计划倡议》。（上图）

9月30日，中国驻澳大利亚大使马朝旭（左三）与澳大利亚众议院议长布朗温·毕晓普（右一）在澳大利亚悉尼出席“中澳军事文化友谊周”活动。（下图）

On 22 August, State Councilor and Minister of National Defense General Chang Wanquan (front right) held talks with Canadian Minister of National Defense Rob Nicholson (front left) and signed with him the *Cooperation Plan Initiative Between the People's Liberation Army of the People's Republic of China and Canadian Armed Forces*. (Upper picture)

On 30 September, the Chinese Ambassador to Australia Ma Zhaoxu (third from left) and Australian Speaker of the House of Representatives Bronwyn Bishop (first from right) attended an event of China-Australian Military Culture and Friendship Week. (Lower picture)

Le 22 août, le Général Chang Wanquan (1er plan, à droite), Conseiller d'État et Ministre de la Défense nationale, s'entretient avec le Ministre de la Défense nationale du Canada Rob Nicholson (1er plan, à gauche) à Ottawa, au Canada. Ils signent ensemble l'Initiative de plan de coopération entre l'*Armée populaire de Libération de la République populaire de Chine et les Forces armées canadiennes*. (Photo en haut)

Le 30 septembre, l'Ambassadeur de Chine en Australie Ma Zhaoxu (3e à gauche) et la Présidente de la Chambre des Représentants d'Australie Bronwyn Bishop (1er à droite) participent à Sydney aux activités de la Semaine de l'amitié et de la culture militaire Chine-Australie. (Photo en bas)

7月5日至12日，中国与俄罗斯在日本海彼得大帝湾举行“海上联合—2013”中俄海上联合军事演习。

From 5 to 12 July, China and Russia held China-Russia “Maritime Joint Exercise 2013” in Peter the Great Gulf, the Sea of Japan.

Du 5 au 12 juillet, la Chine et la Russie mènent les « Exercices maritimes conjoints Chine-Russie 2013 » dans le golfe de Pierre-le-Grand, en Mer du Japon.

8月11日，中国和吉尔吉斯斯坦在中吉边境地区举行“边防联合决心—2013”联合反恐演习。

On 11 August, China and Kyrgyzstan held the “Border Defence Joint Anti-Terrorism Exercise on the China-Kyrgyzstan Border 2013”.

Le 11 août, la Chine et le Kirghizistan organisent dans la région frontalière entre les deux pays les « Exercices anti-terroristes conjoints pour la Défense frontalière 2013 ».

10月21日，中共中央政治局委员、中央政法委书记孟建柱在北京会见新西兰司法部长柯林斯（左）。

On 21 October, Meng Jianzhu, member of the Political Bureau of the CPC Central Committee and Secretary of the Commission for Political and Legal Affairs of the CPC Central Committee, met with Minister of Justice Judith Collins (left) of New Zealand in Beijing.

Le 21 octobre, Meng Jianzhu, membre du Bureau politique et Secrétaire de la Commission des Affaires politiques et juridiques du CC du PCC, rencontre à Beijing la Ministre de la Justice de la Nouvelle-Zélande Judith Collins (à gauche).

11月28日，国务委员、公安部部长郭声琨在北京会见吉尔吉斯斯坦国家安全委员会主席布苏尔曼库尔·塔巴尔季耶夫（左）。

On 28 November, State Councilor and Minister of Public Security Guo Shengkun met with Chairman Busurmankul Tabaldiev (left) of the State Committee on National Security of Kyrgyzstan in Beijing.

Le 28 novembre, le Conseiller d'État et Ministre de la Sécurité publique Guo Shengkun rencontre à Beijing Busurmankul Tabaldiev (à gauche), Président du Comité de la Sécurité nationale du Kirghizistan.

1月28日，中日友好协会会长唐家璇（左三）在北京会见日本国前首相、日中友好协会名誉顾问村山富市（右一）。（左图）

7月1日，原国务委员戴秉国在贵州贵阳会见美国前国务卿亨利·基辛格（右）。（右图）

On 28 January, Tang Jiaxuan (third from left), Chairman of China-Japan Friendship Association, met with Tomiichi Murayama (first from right), former Japanese Prime Minister and honorary adviser of the association. (Left picture)

On 1 July, former State Councilor Dai Bingguo met with former US Secretary of State Henry Kissinger (right) in Guiyang, Guizhou. (Right picture)

Le 28 janvier, le Président de l'Association pour l'Amitié Chine-Japon Tang Jiaxuan (3e à gauche) rencontre à Beijing l'ancien Premier Ministre japonais et Conseiller honoraire de l'Association pour l'Amitié Japon-Chine Tomiichi Murayama (1er à droite). (Photo à gauche)

Le 1er juillet, l'ancien Conseiller d'État Dai Bingguo rencontre à Guiyang, au Guizhou, l'ancien Secrétaire d'État américain Henry Kissinger (à droite). (Photo à droite)

4月16日，第二届中美省州长论坛在天津举行。（上图）

11月7日，海南省与马来西亚槟榔屿州在海南海口举行缔结友好省州签字仪式。（下图）

On 16 April, the Second China-U.S. Governors Forum was held in Tianjin, China. (Upper picture)

On 7 November, Hainan Province of China and Penang State of Malaysia held the signing ceremony of the *Agreement on the Establishment of Sisterhood Relationship Between Penang State of Malaysia and Hainan Province of China* in Haikou. (Lower picture)

Le 16 avril, le 2e Forum des gouverneurs Chine-États-Unis se tient à Tianjin. (Photo en haut)

Le 7 novembre, la province de Hainan et l'État de Penang de la Malaisie signent à Haikou, à Hainan, un accord de jumelage. (Photo en bas)

4月26日至5月16日，外交学院在北京举办“加勒比国家青年外交官研修班”。

From 26 Apirl to 16 May, the Chinese Foreign Affairs University hosted the Professional Program for Young Diplomats from Caribbean Countries in Beijing.

Du 26 avril au 16 mai, à l'Institut de Diplomatie de Chine se tient le « Séminaire pour les jeunes diplomates des pays des caraïbes ».

9月11日，第二届中国—阿拉伯国家大学校长论坛在宁夏银川举行。

On 11 September, the Second China-Arab States University Presidents Forum was held in Yinchuan, Ningxia.

Le 11 septembre, le 2e Forum des présidents d'universités Chine-Pays arabes se tient à Yinchuan, au Ningxia.

9月16日，国家原子能机构在奥地利维也纳举办中国自主知识产权第三代核电ACP1000展览。

On 16 September, the IAEA held an exposition on ACP1000, a third-generation nuclear reactor developed independently by China, in Vienna, Austria.

Le 16 septembre, l'Agence nationale de l'énergie atomique organise à Vienne, en Autriche, une exposition sur ACP1000, réacteur nucléaire de la 3e génération développé indépendamment par la Chine.

12月5日，《中华人民共和国政府与阿尔及利亚民主人民共和国政府关于在空间科学、技术及应用领域的合作协定》签字仪式在阿尔及利亚阿尔及尔举行。

On 5 December, the signing ceremony of the *Cooperation Agreement Between the Government of the People's Republic of China and the Democratic People's Republic of Algeria in Space Science, Technology and Application* was held in Algiers, Algeria.

Le 5 décembre a lieu à Alger, en Algérie, la cérémonie de signature de l'*Accord de coopération entre le gouvernement de la République populaire de Chine et le gouvernement de la République algérienne démocratique et populaire dans les domaines des sciences, des technologies et des applications spatiales*.

8月16日，中非部长级卫生合作发展会议在北京开幕。

On 16 August, the opening ceremony of the Ministerial Forum of China-Africa Health Development was held in Beijing.

Le 16 août, le Forum ministériel sino-africain sur le développement de la santé s'ouvre à Beijing.

3月22日，国家主席习近平在莫斯科出席俄罗斯“中国旅游年”开幕式并致辞。

On 22 March, Chinese President Xi Jinping attended and addressed the opening ceremony of the China Tourism Year in Moscows.

Le 22 mars, à Moscou, le Président Xi Jinping participe à la cérémonie de lancement de l'« Année du tourisme chinois » en Russie et y prononce une allocution.

9月18日，全国人大常委会委员长张德江（前左）在阿布贾为尼日利亚中国文化中心落成揭牌。

On 18 September, NPC Chairman Zhang Dejiang (left in the front) attended the unveiling ceremony of the China Cultural Center (Nigeria) in Abuja.

Le 18 septembre, le Président du Comité permanent de l'APN Zhang Dejiang (1er plan, à gauche) dévoile la plaque du Centre culturel de Chine à Abuja, au Nigéria.

11月2日，第五届“大爱无国界”国际义卖活动在北京举行。

On 2 November, the Fifth “Love Knows No Borders” International Charity Sale was held in Beijing.

Le 2 novembre, la 5e édition de la vente de charité internationale « Amour sans frontières » a lieu à Beijing.

8月15日，外交部驻澳门特别行政区特派员胡正跃（右三）在澳门出席"中国梦·濠江情——中国名家书画澳门展"开幕式。（上图）

9月9日，外交部驻香港特别行政区特派员宋哲（右五）在香港出席2013年博鳌青年论坛开幕式。（下图）

On 15 August, Commissioner of the Ministry of Foreign Affairs of the People's Republic of China in the Macao Special Administrative Region Hu Zhengyue (third from right) attended the opening ceremony of the "Chinese Dream—Exhibition of Painting and Calligraphy Artwork of Masters" in Macao. (Upper picture)

On 9 September, Commissioner of the Ministry of Foreign Affairs of the People's Republic of China in the Hong Kong Special Administrative Region Song Zhe (fifth from right) attended the opening ceremony of the 2013 BOAO Youth Forum in Hong Kong. (Lower picture)

Le 15 août, le Commissaire du Ministère des Affaires étrangères dans la Région administrative spéciale de Macao Hu Zhengyue (3e à droite) participe au vernissage de l'exposition « Rêve chinois — Œuvres de maîtres chinois de la peinture et de la calligraphie » à Macao. (Photo en haut)

Le 9 septembre, le Commissaire du Ministère des Affaires étrangères dans la Région administrative spéciale de Hong Kong Song Zhe (5e à droite) participe à la cérémonie d'ouverture du Forum de Bo'ao pour les jeunes 2013 à Hong Kong. (Photo en bas)

11月17日，中国驻德国大使史明德（前右）在柏林出席“中德语言年”活动。

On 17 November, the Chinese Ambassador to Germany Shi Mingde (front right) attended the activities of "German-Chinese Language Year" in Berlin.

Le 17 novembre, l'Ambassadeur de Chine en Allemagne Shi Mingde (1er plan, à droite) participe à Berlin aux activités de l'Année linguistique Chine-Allemagne.

11月19日，中国常驻联合国代表刘结一（后左五）在纽约联合国总部出席由中国常驻联合国代表团和中国民族博物馆共同举办的“多彩中华”中国民族文字展开幕式。

On 19 November, the Chinese Permanent Representative to the UN Liu Jieyi (fifth from left in the back) attended the "Colorful China" Exhibition on Ethnic Scripts of China jointly held by the Chinese Permanent Mission to the UN and the National Museum of China at the UN headquarters in New York.

Le 19 novembre, au siège des Nations Unies, à New York, le Représentant permanent de Chine auprès des Nations Unies Liu Jieyi (dernier plan, 5e à gauche) participe à la cérémonie d'ouverture de l'exposition des écritures ethniques chinoises « Chine multicolore » coorganisée par la Mission permanente de Chine auprès des Nations Unies et le Musée national d'Ethnologie de Chine.

11月25日，文化部长蔡武（前左三）在印度尼西亚巴厘岛出席首届世界文化论坛。

On 25 November, Minister of Culture Cai Wu (third from left in the front) attended the First World Culture Forum in Bali, Indonesia.

Le 25 novembre, le Ministre de la Culture Cai Wu (1er plan, 3e à gauche) participe au premier Forum mondial de la Culture à Bali, en Indonésie.

11月29日，中国驻日本大使程永华（右一）出席中国驻日本使馆与日本民间团体共同举办的中日文化交流晚会，并与日本友人一起包水饺。（上图）

12月12日，民政部部长李立国（中）、外交部部长助理钱洪山（左）应邀出席巴林驻华使馆举行的国庆招待会。（下图）

On 29 November, the Chinese Ambassador to Japan Cheng Yonghua (first from right) attended the activities of Chinese and Japanese cultural exchanges jointly held by the Chinese Embassy in Japan and Japanese civil society groups, and made dumplings with Japanese friends. (Upper picture)

On 12 December, Minister of Civil Affairs Li Liguo (center) and Assistant Minister of Foreign Affairs Qian Hongshan (left) attended the National Day reception held by the Bahraini Embassy in China. (Lower picture)

Le 29 novembre, l'Ambassadeur de Chine au Japon Cheng Yonghua (1er à droite) participe à une soirée des échanges culturels sino-japonais coorganisée par l'Ambassade de Chine au Japon et des associations populaires japonaises, et fait des raviolis avec des amis japonais. (Photo en haut)

Le 12 décembre, le Ministre des Affaires civiles Li Liguo (au milieu) et le Ministre assistant des Affaires étrangères Qian Hongshan (à gauche) participent sur invitation à la réception organisée par l'Ambassade de Bahreïn en Chine à l'occasion de la Fête nationale de Bahreïn. (Photo en bas)

人文交流

7月27日，中国驻乌干达大使赵亚力（前左）邀请乌干达乒乓球国家队来使馆进行交流活动。（上图）

5月17日，第十二届“汉语桥”世界大学生中文比赛肯尼亚地区预选赛在内罗毕大学孔子学院举行。（下图）

On 27 July, the Chinese Ambassador to Uganda Zhao Yali (front left) invited the Ugandan national table tennis team for exchange activities at the embassy. (Upper picture)

On 17 May, the preliminary of the 12th Chinese Proficiency Competition for Foreign College Students in Kenya 2013 was held in the Confucius Institute of Nairobi University. (Lower picture)

Le 27 juillet, l'Ambassadeur de Chine en Ouganda Zhao Yali (1er plan, à gauche) invite l'équipe nationale de tennis de table d'Ouganda à participer à des activités d'échanges à l'Ambassade. (Photo en haut)

Le 17 mai, la sélection préliminaire au Kenya de la 12e « Passerelle vers le chinois », concours international du chinois pour les étudiants étrangers, se déroule à l'Institut Confucius de l'Université de Nairobi. (Photo en bas)

11月26日，第二届中越青年联欢大会在广西南宁举行。（左图）
10月15日，“尼日利亚文化周”在江苏南京开幕。（右图）

On 26 November, the Second China-Vietnam Youth Gala was held in Nanning, Guangxi. (Left picture)
On 15 October, Nigeria Culture Week was unveiled in Nanjing, Jiangsu. (Right picture)

Le 26 novembre, le 2e Gala de la jeunesse Chine-Viet Nam a lieu à Nanning, au Guangxi. (Photo à gauche)
Le 15 octobre, la « Semaine culturelle nigériane » s’ouvre à Nanjing, au Jiangsu. (Photo à droite)

9月14日至25日，第九届中国国际民间艺术节在湖北宜昌举行。

From 14 to 25 September, the ninth Chinese Internation Folk Art Festival was held in Yichang, Hubei.

Du 14 au 25 septembre, le 9e Festival international d'art folklorique de Chine se tient à Yichang, au Hubei.

图书在版编目（CIP）数据

中国外交：2014版／中华人民共和国外交部政策规划司编著．—北京：世界知识出版社，2014.12
ISBN 978-7-5012-4840-7

Ⅰ．①中… Ⅱ．①中… Ⅲ．①外交—概况—中国—2014 Ⅳ．①D82

中国版本图书馆CIP数据核字（2014）第312233号

编辑组　孙安林　赵煜光　潘海涛　钟　奇
　　　　王　飞　潘荣海　丁梦莹
责任编辑　张迎辉
美术编辑　甄树刚
版式设计　祁雄臻
责任出版　赵　玥
责任校对　陈可望

书　名　中国外交 2014版
　　　　China's Foreign Affairs
　　　　Les affaires étrangères de la Chine

编　著　中华人民共和国外交部政策规划司

出版发行　世界知识出版社
地址邮编　北京市东城区干面胡同51号（100010）
电　话　010-65265923（发行）
经　销　新华书店
图片主要来源　新华社　中新社　外交部
网　址　www.wap1934.com
制　版　北京日光清美艺术有限公司
印　刷　北京雅昌艺术印刷有限公司
开本印张　787×1092毫米　1/8　26.5印张
版次印次　2015年1月第一版　2015年1月第一次印刷
标准书号　ISBN 978-7-5012-4840-7
定　价　300.00元